# 巴菲特的人生之道

## 成功致富與圓滿人生的永恆智慧

THE
NEW TAO
OF
WARREN
BUFFETT

Wisdom from Warren Buffett
to Help Guide You
to Wealth and Make
the Best Decisions
About Life and Money

瑪麗・巴菲特 Mary Buffett —— 著
大衛・克拉克 David Clark
許瑞宋 —— 譯

——獻給查理・蒙格 Charlie Munger——
1924–2023

沒有什麼好過擁有一個好夥伴……查理和我的想法很相似。但我要花一頁的篇幅去解釋的事情，他一句話就能總結。而且他的版本總是思路更清晰，表達得更巧妙——可能也會有人說他表達得更直率。

——華倫・巴菲特 Warren Buffett

如果你想成為優秀的投資人，你必須持續學習；世界改變時，你也必須改變。

——查理・蒙格 Charlie Munger[1]

# 目次

有關本書　　　　　　　　　　　　　　　　　　　　009
給讀者的話　　　　　　　　　　　　　　　　　　　011

1── 巴菲特談賺錢與守財之道　　　　　　　　　　　013
2── 巴菲特談企業具有持久競爭優勢的重要性　　　　035
3── 巴菲特的基本投資原則　　　　　　　　　　　　045
4── 巴菲特談股市動態　　　　　　　　　　　　　　061
5── 巴菲特談為企業或股票支付合適的價格　　　　　075
6── 巴菲特談投資顧問　　　　　　　　　　　　　　085
7── 巴菲特談通貨膨脹的投資涵義　　　　　　　　　093
8── 巴菲特談持有現金的好處　　　　　　　　　　　099
9── 巴菲特談如何從錯誤中獲益　　　　　　　　　　107
10── 巴菲特談如何評估一家公司及其股票的價值　　115
11── 巴菲特談房地產投資　　　　　　　　　　　　121
12── 巴菲特談銀行業的危險　　　　　　　　　　　127
13── 巴菲特談投資於日本、中國和世界其他地區　　133
14── 巴菲特談加密貨幣和黃金作為投資標的　　　　143

| | |
|---|---|
| 15—— 巴菲特談使用槓桿／債務的危險 | 147 |
| 16—— 巴菲特談幸福和有成就的人生 | 155 |
| 17—— 巴菲特談應該避免的事與未來可能出現的危險 | 173 |
| 18—— 巴菲特談投資於科技公司 | 179 |
| 19—— 巴菲特談波克夏海瑟威的商業動態和未來 | 187 |
| 20—— 巴菲特談如何在商業上與他人成功合作 | 209 |
| 21—— 巴菲特談美國的未來和美國政治 | 221 |
| | |
| 後記——巴菲特談慈善事業 | 233 |
| 致謝 | 239 |
| 參考資料 | 241 |

# 有關本書
About This Book

對研究巴菲特投資處世原則的人來說，巴菲特的箴言並非只是簡單的真理陳述；它們就像中國道家大師的教誨，因為你越是思考它們，它們便越能揭示獲得巨大財富的「道路」或「方法」。這本加附詮釋的巴菲特精選語錄，帶你深入認識這位當代最偉大投資人和慈善家的明智思想，幫助你發現「道」。作者期望本書蘊含的智慧能幫助讀者豐富自己的人生，在財源廣進之餘，也能更愉快地工作與生活。

## 給讀者的話
Note to the Reader

本書蘊含的巴菲特智慧將為你打開一扇門,使你能夠認識巴菲特用以增強複利力量,進而大幅提高長期投資報酬的投資方法。一旦窺見門道,你將震撼於它的有效性和易用性——一如巴菲特所言,只要有普通的智能,願意閱讀,並且學會控制自己的情緒,你就可以像他那樣投資。

# Chapter 1

# 巴菲特談賺錢與守財之道

Warren Buffett on Making Money
and Keeping Money

# NO. 1

**如果你懂得說「今天我買了一家公司」，而不是說「今天我買了一支股票」，那會比較好。**[1]

---

說到底，擁有一支股票其實就是擁有一家公司的一部分。一家公司的所有權權益分成若干股份。如果公司發行在外的股份有 100,000 股，而你買了其中 10,000 股，那麼你實際上就是擁有該公司的 10%。這家公司長期表現如何，最終將決定你持有該公司股票的投資績效。

巴菲特提出以下建議，幫助我們站在「股票即公司」的角度考慮投資：

> 如果你想買一支股票，你可以拿出筆記本，寫下該公司發行在外的股數，然後乘以該公司一股的價格，這就得出該公司的市值。然後你問自己：如果我有這麼多錢，我會拿來買下這家公司嗎？如果你的答案是否定的，那麼你就連一股都不該買。

# No. 2

**不要太看重一年的表現。應該重視四或五年的平均表現。**[2]

---

　　一家公司任何一年的盈利都可能無法充分反映它的實際營運情況：有時會顯得太美好，有時則顯得太糟糕。巴菲特會看一家公司四年或五年的盈利。他想看到穩定的表現——而且是呈現向上的**趨勢**。公司可能會在某一年盈利表現不佳，短視的投資人將因此賣出，導致公司股價下跌。如果導致股價下跌的因素是一次性的，著眼長遠的投資人或許就有機會可以把握。另一方面，公司年度盈利也可能激增，使公司看起來比實際情況好得多，而這可能導致思慮不周的投資人誤以為本來正逐漸衰敗的公司已扭轉逆境。

# NO. 3

**帶給你機會的不是改變。帶給你機會的是其他人做蠢事……而我會說，在我們經營波克夏的五十八年間，做蠢事的人越來越多。**[3]

---

股票市場的短視行為導致一家公司的股價顯著偏離基於長期經濟因素估計的合理水準時，蠢事就發生了。這可能是人們被當前情況迷惑，忽略了公司的長期經濟優勢。你去聽一下多數大公司每季的投資人電話會議，就會發現焦點全在公司下一季表現料將如何，完全不會談到長期業務前景。

華爾街有句格言說「變革」——促成變革的新科技——將帶來新的投資機會。這是真的，但這不代表那些機會最終能讓你賺到錢。考夫曼基金會（Kauffman Foundation）2012 年做了一項關於「網際網路蓬勃發展時期」的研究，結果顯示 1995 至 1999 年間，美國出現了大約 40 萬家新創辦的網際網路企業，其中約有 70% 在五年內倒閉了。無論在什麼產業，新創事業總是高風險的。

# NO. 4

**真正考驗你是否站在價值立場投資的，在於你是否在乎股市明天開盤與否。如果你做了一項好投資，那即使股市停止交易五年，你也不該為此困擾。**[4]

---

曾有一段時期，巴菲特每隔一年就與一群投資人聚會討論股票市場，這些投資人也曾在哥倫比亞大學跟隨葛拉漢（Benjamin Graham）學習。他們每次聚會都喜歡互問這個問題：如果你必須前往一個荒島待十年，而且必須把自己所有的錢投資在一支股票上，在那十年裡放著不動，你會選擇哪一支股票？為什麼？

巴菲特在1982年的答案是首府傳播（Capital Cities Communications），一家擁有電視台和廣播電台的公司，由才華出眾的執行長湯姆·墨菲（Tom Murphy）掌管。巴菲特的理由是：墨菲是優秀的經理人，財務上精打細算，為公司創造出很高的股東權益報酬率，以及電視廣播業最好的利潤率。

1985年3月，墨菲將首府傳播與電視媒體巨頭美國廣播公司（ABC）合併。巴菲特動用5.17億美元買下合併後公司2,000萬股股票，幫助墨菲為該交易

融資。十年後，1995 年 7 月，墨菲以 190 億美元的價格將首府傳播／美國廣播公司賣給迪士尼，巴菲特那 2,000 萬股換得總價值 24.6 億美元的現金和迪士尼股票。巴菲特原本的投資因此獲得 18.8 億美元的稅前利潤，使他在持有首府傳播／美國廣播公司股票的十年間，稅前年化複合報酬率達到 16.8%。

# NO. 5

**你必須懂會計。這是必要的。對你來說，會計必須像是一種語言。**[5]

---

對巴菲特來說，會計就是商業的語言——掌握這種語言就有能力發現企業財務狀況背後的真實故事。懂會計使巴菲特得以解讀企業的財務報表（損益表和資產負債表），為公司的業務建立清晰扼要的敘事。財務報表幫助巴菲特判斷眼前的公司是否具有持久的競爭優勢，並且估算出公司的內在價值——與公司的股價比較，就能知道這家公司的股票是堪稱超值還是價格太高。要成為巴菲特這種水準的成功投資人，你絕對需要精通會計語言。

注意：如果你沒上過會計課，可以看我們為投資人寫的一本非常簡單易懂的書，它說明了巴菲特如何利用會計知識解讀企業財務報表。這本書就是《巴菲特的真本事》（*Warren Buffett and the Interpretation of Financial Statements*）。

# NO. 6

**人們基本上有三種選擇：一是持有短期現金資產，這是為日後做某些事而準備；二是投資於長期債券；三是投資於長期持有的股票。而目前股票比債券便宜。**[6]

---

**現金**：持有現金通常是一種非常糟糕的投資方式，因為通貨膨脹將逐漸侵蝕這些資金的購買力，所以你的現金可說是一天比一天不值錢。這種損失某程度上可以靠資金配置在短期存單、美國公債、銀行帳戶或貨幣市場基金所賺到的利息彌補。對巴菲特來說，現金是一種價值儲存工具，是留待能以合適的價格投資於企業時使用的。如果找不到這種投資機會，巴菲特會持有現金，並全部投資在短期美國公債上。為什麼是短期公債？因為如果他持有長期美國公債，遇到利率跳升時，這些長債的價值將會大跌。這就是矽谷銀行（Silicon Valley Bank）遇到的事——該銀行買了大量長期美國公債，這些長債的價值因為利率上升而大跌，導致該行失去償付能力。

**債券**：利率上升是持有長期債券可能遇到的問題之一。另一個問題是，視債券期限而定，你可能鎖定了十年、二十年或三十年的低利率。巴菲特這麼說：

如果你今天買了一支30年期、殖利率2%的債券，你是為了未來30年收益不會上升的一項投資，付了相當於年收益50倍的代價。現在如果有人說我要賣給你一支股票，而這家公司的盈利未來三十年都不會上升，你不會認為這是一項很好的投資。

為什麼呢？因為如果每年的通貨膨脹率是5%，你的投資可說是每年損失3%（5% － 2% ＝ 3%）。

**股票**：這是投資變得有趣之處。巴菲特意識到，有些公司享有特別有利的經濟條件，這些因素將使公司的內在價值與日俱增。這些令人讚嘆的公司的普通股，有如一種所支付的利率將逐年上升的債券。波克夏1988年開始買進可口可樂的股票時，該公司每股盈餘為0.18美元（已根據股票分割調整），而每股盈餘每年約增加15%。波克夏支付的價格約為每股3.24美元，相當於18倍的本益比──對「華爾街院長」、巴菲特的早期導師班傑明·葛拉漢來說，這種價格實在太高了。但巴菲特看見了葛拉漢看不到的東西：可口可樂生意的長期經濟因素，使該股在18倍的本益比仍然超值。巴菲特將可口可樂的股票視為一種債券，其初始報酬率為5.55%（0.18美元 ÷3.24美元 ＝ 5.55%），而隨著可口可樂的每股盈餘因為銷售額增長、公司買回股票和通貨膨脹而持續成長，報酬率也將持續提高。而隨著可口可樂的每股盈餘持續成長，幾年之內，股市

將繼續推高可口可樂的股價。

那麼巴菲特投資於可口可樂的結果如何？他在 1988 年投資了 13 億美元在可口可樂上。在截至 2024 年的三十六年裡，這筆投資的價值已增至 244 億美元，而這還不包括這三十六年中收到的可口可樂股息。就股息而言，波克夏 1989 年從可口可樂收到 3,100 萬美元的股息；到了 2024 年，波克夏從可口可樂收到的年度股息已增至 7.36 億美元。在這三十六年裡，可口可樂總共向波克夏支付了 115 億美元的股息。也就是說，持股價值加上歷年股息達到 359 億美元，相當於 1988 年的投資獲得 2,661% 的總報酬。可口可樂真的讓一切變得更好了，包括巴菲特的錢。

# No. 7

**股票的表現將優於 30 年期公債，也將優於國庫券。股票的表現將優於你藏在床墊下的錢。**[7]

---

標準普爾 500（S&P 500）指數代表 500 家美國頂尖上市公司，該指數過去十年的平均年報酬率為 11.2%。過去二十年裡，標準普爾 500 指數的平均年報酬率為 9%。在 2024 年，30 年期美國公債的年報酬率為 4.37%；一年期美國國庫券的年報酬率為 5%；而你藏在床墊下的現金不會帶給你任何報酬。

巴菲特認為，如果你不懂得投資，那麼投資於標準普爾 500 指數的 ETF（指數股票型基金）對你會好得多。事實上，在他的遺囑中，巴菲特指示他的受託人將他留給妻子的資金 90% 投資於低費用的標準普爾 500 指數 ETF，餘下 10% 投資於短期政府債券。你可以經由任何一家網路券商買進標準普爾 500 指數 ETF。

# NO. 8

**如果你擁有一家非常好的非上市企業，最好的做法就是留住它。它明年和後年將會更值錢。因此，除了因為某種外在因素，沒有理由要賣掉一家非常好的企業。[8]**

---

　　如果你作為個人投資人，擁有具有持久競爭優勢、非常好的上市公司的股票，那麼上述道理也適用。可口可樂、蘋果、美國運通這些公司的基本業務，明年和後年將會更有價值。它們的股價可能會隨著股市出現各種狂熱而起伏，但這些公司的基本價值將持續成長。如果你是在股市下跌時以便宜的價格買入這些公司，你可以長期持有。波克夏的許多早期投資人就是這樣成為了身家達到 10 億美元的富翁，這花了他們五十年的時間──但他們持有波克夏股票僅十年，就開始有許多人身家達到好幾百萬美元。

　　有時你可能必須賣出你在這些優秀企業的股權，例如孩子要上大學、你要買一間海濱別墅，或是必須繳納遺產稅。如果必須賣出非上市公司的股權，原因可能是沒有家族成員可以繼承事業，或公司股權傳了五代人之後，有數十名股東不在公司工作，只想套現

退出。無論出於什麼原因,你絕不該為了取得資金去投資一家不怎麼優秀的上市公司,而賣掉在優秀的非上市公司的股權。但信不信由你,這種事經常發生。

# NO. 9

**我不主張極度節儉。我的意思是,你可以做一些選擇,而在家人年幼時為他們花錢,給他們各種形式的享受或教育,是有好處的。**[9]

---

「華倫與查理」的崇拜者是一群重視成本的人,而他們崇拜的兩位英雄也是。但當中一些崇拜者因為極度節儉,導致他們自己和家人未能享受到金錢可以帶給他們的某些巨大樂趣。人要儲蓄就必須量入為出,但你每年多存 5% 或 10%,對你最終存到多少錢不會有太大的影響。另一方面,你和家人一起享受的歡樂,以及你給予孩子的教育,最終將使你感到滿足。所以你應該帶孩子去迪士尼樂園、在能力範圍內住好一點的房子,以及投資在孩子的教育上;這三件事都將帶給你長久的巨大報酬。

不過,在你的人生旅途中,請記住這句常被視為查理・蒙格說過的、提醒人們注意成本的話語:

飛機上比較便宜的經濟艙座位,總是與頭等艙座位同時抵達目的地。

# NO. 10

**我會盡可能投資那些好到連笨蛋都能經營的企業。因為我們遲早會遇到企業由笨蛋掌管的情況。**[10]

---

巴菲特所說的「好到連笨蛋都能經營的企業」,是指那種具有持久競爭優勢的公司,它們的經濟基礎好到由笨蛋經營都會有出色的績效。這種超級企業之所以不怕由笨蛋管理,是因為公司百年來一直生產相同的產品或提供相同的服務。

巴菲特曾大舉投資的、不怕笨蛋的「百年」企業,包括可口可樂、富國銀行(Wells Fargo Bank)、美國運通、美國銀行、瑞士再保、箭牌口香糖、卡夫食品(Kraft Foods)、穆迪(Moody's)、BNSF鐵路,以及三菱商事——這些公司在過去一百年間,都在銷售相同的產品或提供相同的服務!巴菲特相信「三代法則」——如果你的家族已經有三代人一直購買相同的產品或服務,那麼接下來的三代人也很可能購買這些產品或服務。納貝斯克奧利奧(Oreo)餅乾已經有超過一百年的歷史,而一百年後,一杯牛奶和一塊奧利奧餅乾還是能讓世界各地的孩子笑開懷。

# NO. 11

**未來總是會有麻煩。**[11]

---

對巴菲特來說,麻煩意味著機會。但他的看法非常特別。其他投資人試圖預料麻煩何時發生,巴菲特則只是等待麻煩發生,以便把握低價買進股票的機會。在把握了「麻煩」創造的買進機會之後,他可能必須等待好幾年,才能等到下一次機會。這正是「性情」和「耐性」派上用場之處:你的「性情」必須使你能有足夠的「耐性」去等到「麻煩」出現。麻煩最終會出現,屆時股價將大跌。有時候,即使是最好的公司,也會因為麻煩發生而股價大跌。以下是過去四十年裡一些真正的大「麻煩」事件,它們導致股票價格重挫,可能帶給了巴菲特買進機會:

1. **黑色星期一(1987 年 10 月 19 日)**:道瓊工業指數當天暴跌 22.6%,創下該指數史上最大單日百分比跌幅。這次崩盤是由多種因素共同引發,包括程式交易、利率上升,以及對通貨膨脹的恐懼。

2. **波斯灣戰爭(1990-1991)**:1990 年伊拉克入侵科威特,擾亂了石油市場,導致油價上漲,引

發市場對全球經濟衰退的恐懼。道瓊工業指數在 1990 年 7 月至 10 月間下跌 17%。

3  **網際網路泡沫（2000-2002）**：網路股泡沫是對科技股的過度投機造成的。泡沫破滅導致納斯達克綜合指數在 2000 年 3 月至 2002 年 10 月間崩跌 78%。

4  **九一一攻擊（2001）**：2001 年 9 月 11 日，蓋達組織對美國發動連串攻擊，紐約市世貿雙塔當天因此倒塌，股市應聲下跌，道瓊工業指數一個星期內跌了 14%。

5  **美國房市崩盤（2007-2009）**：在次級房貸和散漫的放款方式助長下，美國房屋市場嚴重過熱，房貸違約開始顯著增加。這些違約使價值數兆美元的房貸擔保債券受到衝擊，引發大蕭條以來最嚴重的股市崩盤。道瓊工業指數在 2007 年 10 月至 2009 年 3 月間下跌 54%。

6  **雷曼兄弟倒閉（2008 年 9 月 15 日）**：有一百五十八年歷史的華爾街投資銀行雷曼兄弟，因為房貸擔保債券違約而申請破產，導致整個全球金融體系陷入恐慌。

7  **歐洲主權債務危機（2010-2012）**：市場擔憂希臘主權債違約，歐洲股市因此下跌。

8. **日本地震和海嘯**（2011年3月）：日本發生大地震和海嘯，衝擊東北沿海地區，導致核電廠嚴重受損，日本股市因此出現恐慌。

9. **英國脫歐**（2016）：英國退出歐盟導致英鎊匯價下跌，世界各地股市出現拋售。

10. **COVID-19大流行**（2020）：疫病的全球大流行導致世界各地封城抗疫，經濟充滿不確定性，2020年3月股市因此崩跌，當時標準普爾500指數重挫近34%。

# NO. 12

**對我們而言，最好的情況就是一家優秀的公司陷入暫時的困境⋯⋯我們希望在它們還躺在手術台上的時候買進。**[12]

---

巴菲特最早收購的陷入暫時困境的公司之一，就是波克夏本身。當時波克夏的紡織事業面臨週期性景氣衰退（cyclical recession；巴菲特認為週期性衰退是暫時的困境），公司股價相當低迷，每股市價 12.50 美元，遠低於每股帳面淨值 19 美元。巴菲特買進波克夏的股票是因為認為其價值被低估，他最初打算在波克夏擺脫週期性衰退時賣出。但最終他買進的股票多到可以控制波克夏，於是他便運用該公司的營運資金去收購獲利能力更強的企業。

類似這種「暫時性困境」帶來的買進良機，還包括巴菲特在 1963 年美國運通爆發沙拉油醜聞時（聯合天然植物油公司〔Allied Crude Vegetable Oil〕的高層，利用虛假擔保品向美國運通取得貸款），買進該公司的股票；1976 年在蓋可（GEICO）幾乎破產時買進該公司股票；1982 年在菸草公司雷諾（R. J. Reynolds）因政府管制、訴訟和經濟衰退而陷入困境時，買進該公司股票；

1988 年在可口可樂因為「新可樂」災難（可口可樂公司嘗試改變可樂的風味）而股價大跌時買進該股；以及在 1987 年「黑色星期一」股市拋售發生時買進股票（巴菲特認為市場「恐慌性」拋售是暫時的問題）。因此，每次當你看到優秀企業因為「暫時的困難」而股價重挫時，你可以假定巴菲特也正伺機低價買進。

# No. 13

這是個簡單的遊戲，只要你能控制自己的情緒。如果你是年輕的投資人，可以冷靜地把股票當作企業來評估其價值，然後在價格非常便宜時買進，不管別人怎麼說；然後，如果你願意，在人們變得極度亢奮時賣出——那麼這實際上並不是一場非常困難的智力遊戲。[13]

---

我們非常喜歡這段話，因為它精確地概括了巴菲特一直在做的事和他如此成功的原因。你要學他，就應該學會評估企業的價值，能夠忽視關於經濟的新聞，在投資人普遍悲觀、價格便宜時買進。然後如果你想這麼做的話，可以在人們對股票恢復熱情時賣出。學習控制情緒是一個需要時間的過程。在此再次引用這句巴菲特喜愛的箴言：

別人貪婪時我恐懼，別人恐懼時我貪婪。

## Chapter 2

# 巴菲特談企業具有持久競爭優勢的重要性

Warren Buffett on the Importance of a Company with a Durable Competitive Advantage

# NO. 14

**葛拉漢最初教我投資那種在量化分析中顯得便宜的公司，我稱之為「雪茄煙蒂投資法」：你在街上尋找那些還可以抽幾口的雪茄煙蒂。我以這種方式操作了很多年，這是個錯誤……以合理的價格買進很好的企業，遠比以很好的價格購入平庸的公司更容易賺錢。**[1]

---

葛拉漢教巴菲特估算一家公司的價值，然後在該公司股價顯著低於該價值時買進。葛拉漢將這個股價「折扣」稱為「安全邊際」，他相信安全邊際可以保護他免受損失。一旦公司股價升至其「內在價值」，葛拉漢會賣出。如果公司的股價三年內沒有上漲，他無論如何會賣出。葛拉漢對公司的長期經濟前景不做任何判斷。他對此不感興趣。

在 1960 年代末的多頭市場中，葛拉漢重視的這種「價值」投資機會開始枯竭。而正是在這段期間，巴菲特在蒙格的幫助下，開始認識到某些公司具有「持久的長期競爭優勢」，而此種優勢將創造出「永久的價值成長」，使長期持有這些公司股票的投資人變得極其富有。這些公司的長期經濟前景極佳，股價從不會處於葛拉漢覺得誘人的水準，但在空頭市場中偶爾也會跌至巴菲特認為合理的水準。

# NO. 15

**能帶給投資人報酬的，是那種受寬闊、可持續的護城河保護的產品或服務。**[2]

---

巴菲特對「優秀企業」經濟特質的描述，經歷了一種演變。早期他認為優秀企業是「獨占消費者」的企業，意思是當消費者想要某種產品或服務時，只會想到那家公司。後來，他開始說優秀企業是「占據消費者部分心思的企業」，意指當消費者需要那種產品或服務時，就會想到那家公司。他認為迪士尼就占據消費者的部分心思。

再之後，巴菲特認為優秀企業是產品或服務「受寬闊、可持續的護城河保護」的公司，意思是品牌和業務的基本經濟因素保護公司不受競爭對手威脅。最後，他以「具有持久的競爭優勢」來說明什麼是優秀企業。「持久的競爭優勢」就是寬闊的護城河。投資的訣竅在於能夠識別具有持久競爭優勢的公司，然後以商業上合理的價格買進。這是一種兩步驟的操作。（我們將在第5章、第10章和第18章討論巴菲特評估企業價值的方法。）

# NO. 16

**投資的關鍵不在於評估一個產業將對社會產生多大的影響,或它會有多大的成長,而是在於確定哪些公司具有競爭優勢,以及這種優勢可以維持多久,而後一個問題最重要。**[3]

---

在巴菲特的世界裡,具有「競爭優勢」意味著具有競爭對手所沒有的某些經濟優勢,「持久」則是指優勢具有持久力,不容易被競爭對手侵蝕。

具有「持久競爭優勢」的公司有幾種類型:(1)有些公司提供「獨特的服務」,創造出品牌忠誠度,使同業難以與之競爭。例如亞馬遜、Google、美國運通以及eBay。(2)有些公司是「低成本賣家」,它們通常是「大批量賣家」。這些公司的營運成本顯著低於同業,因此可以收取較為便宜的價格,並維持一定的利潤率。便宜的價格帶來了忠誠的顧客,他們經常光顧,創造出很高的營業額。例如零售巨頭好市多(Costco)和內布拉斯加家具賣場(Nebraska Furniture Mart)等。(3)擁有「強大品牌」的公司——其產品能建立顧客忠誠度,讓競爭者難以進入其市場。巴菲特認為,一個具有辨識度的品牌名稱,就等於占據了消費者內心的

一部分。可口可樂與蘋果正是這種現象的完美典範。

可口可樂公司銷售的產品自1886年面世以來,始終不曾真正改變過。該公司在全美軟性飲料市場的占有率達46%,全球市占率則有17%。一百三十八年的歷史和強大的市場地位,很好地說明了可口可樂占據消費者部分心思,具有持久的競爭優勢。

自2007年以來,蘋果持續推出並不斷改良一項消費性產品——iPhone,而人們也已將它視為生活中不可或缺的一部分。他們用iPhone通話、傳送訊息、拍照與錄影、導航、查看天氣、付款、辦理銀行業務、閱讀書籍、購買演唱會與電影門票,甚至在孩子走失時尋找他們的所在位置。iPhone讓我們每個人都可以接觸網際網路上無限量的知識。蘋果iPhone這名字占據了我們部分心思,iPhone上的每一款應用程式也都在消費者心中占有一席之地。短短十七年的時間,蘋果就占得56%的美國智慧型手機市場和17%的全球市場。iPhone的市場滲透率與其十七年的歷史,很好地說明了蘋果公司因為iPhone而具有持久的競爭優勢。

當你發現某個「品牌名稱」已在消費者心中占有一席之地時,接下來就必須檢視這家公司的財務狀況:公司盈利是否穩定和呈現上升趨勢?股東權益報酬率是否偏高?負債是否偏低?公司有沒有買回自家股票?這些財務指標可以反映一家公司是否具備持久的

競爭優勢,而巴菲特正是喜歡投資於具持久競爭優勢的公司。但是,這種公司的股價也必須處於巴菲特認為值得以該價格收購整家公司的水準,否則他不會投資。

# No. 17

我們想投資的是具有持久競爭優勢的企業,其業務是我們能理解的,而公司管理層是我們喜歡和信任的。然後價格必須是我們認為合理的。[4]

---

對巴菲特來說,一家公司相對於同業具有「競爭優勢」,意味著它有能力提高產品售價,進而提高利潤率,增加公司盈利,讓公司變得更有價值。「持久」是指競爭優勢可以持續——想想已經營運超過一百年的可口可樂。「理解」是指巴菲特明白公司業務的性質,因此能夠了解公司的財務狀況,而這有助於他判斷公司是否具有持久的競爭優勢。然後巴菲特必須喜歡和信任公司管理層,因為他要將「他的」錢託付給他們。最後是價格問題:巴菲特必須能以商業上「合理」的價格買進,而這往往是投資未能成事的原因。即使有一家公司具備持久的競爭優勢,業務是巴菲特理解的,管理層是他能信任的,但若他不能以他認為在商業上合理的價格買進,他就沒有興趣投資。在這種情況下,你也不應該有興趣。

# NO. 18

**周遭有一些很好的護城河。例如，成本低於同業就是一條非常重要的護城河。**[5]

---

　　擁有持久競爭優勢——即擁有「護城河」——的公司，並非都是以知名品牌產品作為其經濟基礎；有些公司只是在競爭激烈的市場中，維持低於同業的生產和營運成本。壓低成本能確保它們享有高於競爭對手的利潤率，因此可以賺得更多盈利。以下是波克夏擁有的一些低成本生產者：蓋可保險公司，因為直接賣保險給客戶，不必付錢給保險代理商而得以維持較低的成本；BNSF 鐵路公司，在長途運輸方面享有相對於卡車運輸的成本優勢；內布拉斯加家具賣場，因為擁有自己的倉庫和零售店面，無需支付租金，固定成本低於競爭對手；Fruit of the Loom，藉由利用自動化技術和優化供應鏈，在中價位內衣市場中維持低成本優勢。

# NO. 19

**我不會認為信用卡生意只有一種模式,就像我不會認為汽車生意只有一種模式。我的意思是,法拉利會賺很多錢,但他們只能占得一部分市場。**[6]

---

我們希望在此指出的是,持久的競爭優勢可以出現在某個市場的某個區塊。以美國運通為例,它既是發卡機構,又是支付網絡,致力在信用卡市場爭取高端客戶。美國運通可以向持卡人收取年費,也可以向商家收取手續費。Visa和萬事達卡(Mastercard)雖然也獲利極豐,但它們主要是作為支付網絡。三者都非常賺錢,但建立持久競爭優勢的是美國運通,其做法是致力爭取信用卡市場的高端客戶,提供各種尊貴服務,例如免費使用機場貴賓室、五星級飯店免費升等、免費旅遊保險,以及在全球140個國家設有辦事處,與隔夜補發失卡等。

另一個促使巴菲特買進美國運通股票的因素是股票回購。在1993至1995年間,巴菲特以13.92億美元的代價,累積了美國運通10%的已發行股份。自此之後,他從未再花一分錢投資於美國運通。但是,因為美國運通在過去二十九年間不時買回自家股票,波

克夏占該公司股權的比例，已從 1995 年的 10% 增至 2024 年的 20%。而這 20% 股權的價值已增至約 324 億美元，而且一年可以收到 3.62 億美元的股息。美國運通沒有將它的保留盈餘用於可疑的高價收購，而是持續買回自家股票，結果讓包括巴菲特在內的股東變得更加富有。

Chapter 3

# 巴菲特的基本投資原則

Warren Buffett's Basic
Investment Principles

# NO. 20

**如果你很聰明,你不需要很多錢。如果你很笨,再多的錢也幫不了你。**[1]

---

　　如果你很聰明,你會明白複利的力量。你會知道具有持久競爭優勢的公司與缺乏持久競爭優勢的公司有何不同。你也會知道如何評估一家公司的價值,以判斷其股價是太高還是偏低。如果具備這些知識,即使起初只有一小筆資金,你也可以讓它指數式增加,變成數百萬美元。但如果你很笨,即使你一開始有數百萬美元,最終也將血本無歸。

# No. 21

**重要的是知道自己知道什麼，以及知道自己不知道什麼。**[2]

---

巴菲特驚人成功的秘訣，不在於他有驚人的智慧，也不在於他是無所不知的「奧馬哈先知」。事實恰恰相反。巴菲特成功的關鍵，在於他知道自己不知道什麼。他因此得以避免做出他並無能力去做的投資決策。

正如會計師試圖做醫師的工作是自找麻煩，巴菲特認為投資也是如此。有些公司他不知道如何評估其價值，他因此不碰。而有些公司他很了解，覺得自己大有資格估算其價值，而正是這些公司讓他變得超級富有。

巴菲特認為這些他很了解、很有信心估算其價值的公司，在他的「能力範圍」之內。如果他自信能評估某家公司的價值，他就能判斷股票市場是低估或高估該公司。對巴菲特來說，能夠發現市場低估某家公司，就意味著找到了能大筆獲利的機會。

# NO. 22

**儲蓄不該是把沒花完的錢存起來,而應該先存錢再把剩下的錢拿來花。**[3]

---

想要致富,就必須讓錢為自己工作,但你必須先存錢才可以開始投資。多數人能用於投資的第一筆資金,來自將工作所得的某個百分比存起來。

巴菲特十多歲時就非常熱衷於藉由經營各種小生意賺錢與存錢。因為亟欲存錢,他厭惡花錢。因為厭惡花錢,他在成為百萬富翁之後的很長一段時間裡,還是開一輛老舊的福斯金龜車,並且他至今仍住在他 1957 年以 31,500 美元購買的那棟房子裡。對巴菲特來說,存錢比花錢有趣得多——當然,花錢買股票是另一回事。

# No. 23

**我的財富來自於：生活在美國、一些幸運的基因，以及複利。**[4]

---

天才物理學家愛因斯坦曾說：「複利是世界第八大奇蹟。明白複利的人賺取複利，不明白的人支付複利。」巴菲特很早就將這道理銘記在心，而這真的成為一份持續嘉惠他的禮物。

以下舉例說明複利的作用：50,000 美元每年複利 10%，一年後有 55,000 美元，兩年後變成 60,500 美元，三年後 66,550 美元。十年後為 129,687 美元。二十年後 336,375 美元。三十年後是 872,470 美元。四十年後 2,262,962 美元。五十年後為 5,869,542 美元。

在最初的十年，我們從 50,000 美元的初始投資賺進 79,687 美元的利息。在第二個十年間，我們獲得 206,688 美元的利息。在第三個十年裡，我們賺得 536,095 美元的利息。在第四個十年裡，我們賺了 1,390,492 美元的利息。在第五個十年裡，我們賺到 3,606,580 美元的利息。隨著資金規模不斷擴大，我們獲得的利息也越來越多，而這些利息又反過來讓本金持續成長。

巴菲特接管波克夏之後，公司不再發放股息，所有盈餘留在波克夏滾存。巴菲特利用他高超的投資能力，使波克夏股東權益以每年18.69%的驚人速度複合成長了五十九年，股東權益從1965年的2,450萬美元增至2024年的約6,016億美元，共成長了2,455,410%。隨著股東權益大幅成長，波克夏股票市價也大漲，公司A類股從1965年的每股12.50美元，漲到2024年的每股715,000美元，年複合成長率約為20.4%。

注意：如果我們的50,000美元以每年20.4%的速度複合成長五十九年，將會變成28.5億美元，而巴菲特早期幾位投資人正是這樣變成了億萬富翁。

# NO. 24

**站在投資的角度，你需要在商學院修兩門課：一門關於如何評估企業的價值，另一門關於怎麼看股票市場的波動。**[5]

---

如果巴菲特在商學院教一門關於如何評估企業價值的課，他會告訴學生，企業基本上有兩種：(1) 銷售同質化（commodity-type）產品的企業，它們面對激烈的價格競爭，利潤率和股東權益報酬率都相當低，而且盈利不穩定。這些是你不想投資的公司。(2) 優秀的企業，具有某種持久的競爭優勢，特徵包括幾乎不必面對價格競爭，利潤率和股東權益報酬率都相當高，盈利穩定，以及公司會買回自家股票。這些是適合投資的公司。巴菲特會告訴學生，找到這種公司之後，應該如何判斷公司股價是否處於值得買進的水準。

至於關於股市波動的課程，巴菲特會以歷史案例探討是什麼市場力量創造了買進機會。他會講述各種事件和力量導致股票價格大幅波動的歷史，探討是什麼讓股票價格從瘋狂的高點跌至令人沮喪的低點，以及這些事件如何影響具有持久競爭優勢的公司的股價，並創造出投資機會。

# NO. 25

**你不會希望自己在生活中總是完全沒有情緒,但在做投資或商業決定時,你絕對會希望自己是個完全沒有情緒的人。**[6]

---

巴菲特的投資決策(在衡量企業的經濟條件和他必須支付的價格後做出)完全基於他是否認為這筆錢花得物有所值。他做這種決策時是很冷酷的。早年即使他的投資部位為他賺到錢,而他也很喜歡他投資的公司,但只要出現更好的投資機會,他會毫不猶豫地賣掉舊投資以把握新機會。他曾買進和賣出他喜愛的首府傳播的股票好幾次,然後才長期持有該股。這就是巴菲特在股市出現恐慌時不會恐懼的原因。他不受情緒左右,讓他能看見長期價值,在人人爭相離場時買進。也正因如此,他不會被多頭市場的亢奮迷惑,而以瘋狂的價格買進企業股份。

# NO. 26

長期而言,對價值評估影響最大的一個變數顯然是利率。如果利率註定會處於非常低的水準……這將使投資產生的任何收益流都變得更有價值。[7]

---

假設 A 公司每年持續產生 1,000 萬美元的收益。在利率為 10% 的世界裡,我們必須投資 1 億美元在利率 10% 的債券上,才可以每年賺到 1,000 萬美元。巴菲特會說,在利率 10% 的情況下,A 公司的價值是 1 億美元。(1 億美元 × 10% = 1,000 萬美元)

現在假設利率降至 2%。我們必須投資 5 億美元在利率 2% 的債券上,才可以每年賺到 1,000 萬美元。(5 億美元 × 2% = 1,000 萬美元)巴菲特會說,在利率 2% 的情況下,每年產生 1,000 萬美元收益的 A 公司,現在價值 5 億美元。

將企業的未來現金流折算為現值,也存在同樣的反向關係:折現率越高,現值越低;折現率越低,現值越高。例如未來十年每年獲得 1,000 萬美元,以 10% 的折現率計算,現值為 6,130 萬美元。但如果折現率是 2%,同樣的現金流,現值為 8,940 萬美元。

如果利率下跌，企業未來盈利的相對價值會上升，股票價格最終也會跟著上漲。但如果利率上升，企業未來盈利的相對價值會降低，股票價格最終也將跟著下跌。

# No. 27

**在政府公債殖利率只有 1% 的情況下，企業盈利的價值顯然比政府公債殖利率達 5% 的時候高得多。**[8]

---

　　對巴菲特來說，所有投資的估值都一定與利率密切相關。如果你持有蘋果公司一股股票，而它在 2023 年每股賺得 6.43 美元，你必須拿 128 美元投資在利率 5% 的政府公債上，才能同樣賺到 6.43 美元。但如果政府公債的利率只有 1%，你就必須投資 643 美元在利率 1% 的政府公債上，才能獲得 6.43 美元的收益。因此，利率下跌時，股票價格「傾向」上漲；而若利率上升，股票價格則「傾向」下跌。為什麼要看政府公債？因為如果是美國財政部發行的公債，市場會視之為沒有違約風險。在 2024 年，十年期美國公債殖利率為 4.3%，蘋果公司每股 6.43 美元的盈餘據此估算的相對價值為每股 149 美元，而蘋果股價在 2024 年創出歷史高位 225 美元，比每股 149 美元的相對價值高出 66%。巴菲特對這種股價偏高現象的反應，是開始賣出他持有的蘋果股票。即使是最好的公司也可能出現價值被高估的情況，而巴菲特遇到這種情況通常會減持。

# NO. 28

我們確實喜歡準備好大量資金，以便能夠非常快速、非常大規模地操作。我們知道不會經常有這種機會……未來二十年或三十年裡，我們將遇到兩次或三次天降黃金，到時你只需要拿著桶子出去接。但我們無法預料這何時發生。而我們有很多錢可以投入。[9]

---

查理・蒙格曾經這麼說：

你必須非常有耐心。你必須等到機會出現，而考慮到現在的市場價格，等待是容易的。不過，整天坐在那裡，除了等待什麼事都不做，是違背人性的。等待對我們來說很容易，因為我們有很多其他的事要做。但對一個普通人來說，你可以想像他坐在那裡五年什麼都不做嗎？他會覺得自己沒有活力，覺得自己沒用，所以他會做一些蠢事。

持有數十億美元的現金，坐待世界崩潰，這不是世界上任何一個基金經理人的投資策略。但確實每隔十年左右，金融世界就會崩潰，股市隨之全面重挫。這種情況在2000年網路泡沫破滅時發生了，在2008至2009年房貸擔保債券違約引發金融危機時發生了，

在2020年COVID大流行迫使各國封城抗疫時發生了；而未來也將一再發生。這些情況發生時，股票價格將崩跌，而世界各國的中央銀行將一如既往地挹注大量資金來協助脫困，最終將提振股票價格。世界各地的對沖基金、共同基金和投資信託無法玩巴菲特的這種等待遊戲，他們無法坐擁巨量現金靜待巨大的機會。但巴菲特可以。而你也可以！

# NO. 29

**機會不常出現。天降黃金時,你要拿一個大桶子去接,而不是拿一個小杯子。**[10]

---

巴菲特經常談到性情。他的意思是,投資人必須要能耐心等待合適的機會出現。他自己承認,有時他會耐心等待合適的投資機會出現,一等就是好幾年。當機會終於出現時,他會充分利用並大手買進。

在 1980 年代,巴菲特花了 13 億美元買進可口可樂的股票,而如我們之前提到,這些股票在 2024 年的今天約值 244 億美元;在 1990 年代,他花了 14 億美元購入美國運通的股票,這些股票現在約值 324 億美元。在 2000 年代,他買了 140 億美元的美國銀行股票,這些股票在 2024 年他開始減持時約值 351 億美元;在 2010 年代,他花了 310 億美元買進蘋果公司股票,這些股票在 2024 年初約值 1,768 億美元,然後他開始賣出。如果你跟隨巴菲特的腳步,以合理的價格買進具有持久競爭優勢的公司股票,你就能像巴菲特那樣大筆投資和大筆賺錢。

# NO. 30

**有許多公司是我不會買的——即使我認為它們的管理層是世界上最優秀的——因為他們根本是選擇了錯誤的事業。**[11]

---

巴菲特在 1990 年代說過類似的話：

聲譽卓著的經營團隊接手一家產業基本面出了名虛弱的公司，結果聲譽不變的是後者。

有些公司固有的基本經濟條件，是差到連世界上最優秀的經理人也無法改善的。這種公司通常銷售同質化商品，經常面對激烈的價格競爭，一直以來不斷經歷業務興衰週期：景氣好時產品供不應求，公司享有豐厚的利潤；景氣低迷時，需求不振扼殺了利潤空間，固定成本很可能導致公司虧損。你可以根據不穩定的盈利紀錄輕易識別這種公司：它們有些年份虧損，有些年份非常賺錢。它們從不買回自家股票，通常背負大量債務。這一切告訴你：無論價格如何，你都不應該持有這些企業的股票。

# Chapter 4

# 巴菲特談股市動態

Warren Buffett on Stock Market Dynamics

# NO. 31

**股市的運作，是一種將財富從急躁者轉移到有耐心者手上的機制。**[1]

---

股票市場的參與者，主要是一些急躁、短視並偽裝成投資人的投機客。短視導致他們在未真正了解企業長期經濟狀況的情況下買賣股票。這種投機行為有時將股價推升至荒謬的高點，有時又導致股價跌至瘋狂的低點，完全無視相關企業的長期經濟狀況。

短視的投機客導致股價跌至低於公司長期經濟價值時，巴菲特可能會買進。然後他會耐心等待，因為他知道企業的基本經濟條件最終將使股價回升至與公司長期經濟價值相符的水準。

# No. 32

我不知道市場明天,後天,一個月後或一年後會去到哪裡。但我確實知道,股票的價格最終會接近其價值。至少,會在接近其價值的某個範圍內。在此之前,股價可能上漲或下跌至任何水準,但最終會回到接近其真正價值的水準。[2]

---

巴菲特買賣股票八十三年的經驗告訴他,無論一家公司的股價漲到多高或跌到多低,最終都會回到反映公司賺錢能力、接近公司真正價值的水準。短視的股市參與者過度拋售,導致股價顯著低於公司長期經濟價值時,巴菲特知道市場最終將會調整,使股價回升至反映公司真實價值的水準。而他就是靠這賺錢的。

# NO. 33

**景況低迷是配置資金的最佳時機。**[3]

---

巴菲特希望在資產價格下跌時配置資本或買進股票。他耐心等待所謂的「黑天鵝」事件，也就是導致股價大跌、出乎意料的事件。黑天鵝事件可能發生在個別公司、某些市場區塊、整個產業，甚至是影響整個市場。

1963年的「沙拉油危機」導致美國運通股價重挫，巴菲特把握機會買進該股。在1973至1974年的股市崩盤中，巴菲特買進了迪士尼和《華盛頓郵報》的股票，此外也買下了整家喜思糖果公司。1988年股市下跌期間，巴菲特開始買進可口可樂的股票（他看見了多數股市參與者看不到的長期經濟價值，因為他們太短視了）。

在1990年代末的網路狂潮中，擁有大量實體資產的非上市公司，因為非網路公司且被視為成長潛力有限，股價變得相當便宜，巴菲特於是把握機會買下非上市公司內布拉斯加家具賣場。2000年網路泡沫破滅導致整個股市重挫時，巴菲特買進評等公司穆迪的股票。2008年金融危機導致金融公司股價崩跌，巴菲特

投資了高盛。2009年，在股市仍然低迷之際，他收購了BNSF鐵路公司。2016年下半年股市下跌時，巴菲特開始買入蘋果的股票。

# NO. 34

**據我所知,沒有人能藉由預測市場本身的動向而真的賺到很多錢。但我知道很多人藉由挑選企業並以合理的價格買進,賺到了很多錢。**[4]

---

　　巴菲特並非那種試圖「預測」下一個黑天鵝事件何時重創股市的人,但他是「等待」黑天鵝事件重創股市的人。這是兩件不同的事。準確預測黑天鵝事件在何時發生幾乎是不可能的,但在事情發生時把握機會卻是容易的。前者需要有先知的洞察力,以預料未來的事何時發生;後者只需要有很多的耐心,等待無可避免的事件發生。而這種情況 —— 一次性的事件,可重創相關企業股價一或兩年 —— 可能在任何時間、任何類型的市場中,於個別企業身上發生。屆時巴菲特就可以把握機會買進,同時等待下一隻黑天鵝出現並引發巨變!

# No. 35

**我們認為：任何公司只要有經濟學家，那就是有多餘的員工。**[5]

---

巴菲特補充道：

如果沒記錯，我從不曾基於總體經濟因素決定收購或拒絕收購一家公司。無論是喜思糖果還是BNSF鐵路，我們都是在整體經濟狀況非常糟糕的時候買進的。

許多人很難相信巴菲特在收購企業或在股市做投資時不考慮總體經濟狀況，但事實確實如此。巴菲特不關心通貨膨脹率是多少。他不關心聯準會是在升息還是降息。他不關心油價或國家目前的GDP。

巴菲特重視的是，掌握標的企業的長期營利能力，了解其競爭優勢有多強，以及確定收購代價是否合理。巴菲特認為，因為他收購企業之後打算持有二十年或更長的時間，當前總體經濟狀況完全不重要。

查理‧蒙格這麼說：

我們曾嘗試藉由準確預測這些總體經濟因素獲利，但至今幾乎毫無進展。我們基本上已經放棄了。我們就只是一直游泳，任由潮水自然流動。

# NO. 36

**記住，股市是躁鬱的。**[6]

---

巴菲特的導師班傑明・葛拉漢教他將股票市場想成一個名為「市場先生」的人。市場先生每天都會向你開出一個他願意買進或賣出企業股票的價格。但市場先生不是理性的行動者。他受情緒驅動，在樂觀與悲觀之間大幅擺盪，不顧企業本身的基本經濟狀況。

當市場先生處於狂躁期時，會認為每塊石頭底下都藏著黃金。他深信股價即將一飛衝天，現在就是買進的好時機！這是投資人受亢奮、貪婪與害怕錯失機會的情緒驅使之際。在這種時候，市場先生會以高得離譜的價格買進股票，完全忘了付出太高價格買進的潛在危險。在這市場亢奮和股價高漲的時刻，巴菲特會遠離市場，不買任何東西。

而在市場先生的憂鬱期，他會深感絕望，認為金融世界瀕臨崩潰，並開始以極低的價格賣出股票。此時投資人被恐懼和恐慌的情緒控制，不惜以低於企業內在價值的價格拋售股票。這正是巴菲特對買進股票的機會感到興奮的時刻。

巴菲特發現，駕馭此種市場躁鬱表現的訣竅，在於明白「價格」與「價值」的差異。不同於受情緒左右的市場先生，巴菲特集中關注企業的內在價值，重視企業的長期前景，在乎企業是否具備持久的競爭優勢。他非常重視自己必須支付的價格。價格越低，他越有興趣投資。而巴菲特也知道，市場不會一直處在憂鬱中，一旦市場先生回到亢奮狀態，他剛以便宜的價格買進的股票，市值將迅速大漲。

# No. 37

有時股票市場是相當投資導向的⋯⋯但也有些時候，股市幾乎就像一個賭場⋯⋯一個賭博的地方⋯⋯我們仰賴企業股價大幅偏離合理水準來賺錢，而這種價格出錯的情況並不是我們造成的。我們很久以前就明白了此中道理：要把握這種機會不需要很高的智力，只需要正確的態度。[7]

---

這段話概括了巴菲特的以下看法：股票市場有很大的「賭博」成分，偶爾會導致優秀企業的股價大幅低於合理水準。當這種情況發生，就是買進優秀企業股票的好時機。作為投資人，要做到這件事並不需要非常高的智力，只需要正確的態度或性情，適時與賭徒反向而行：賭徒過度興奮時，你持有現金；等到賭徒恐慌拋售，優秀企業股價偏低時（股市跌過頭），你就買進。你不需要成為投資奇才也能執行巴菲特的投資策略，你只需要能與賭徒反向而行的性情。如果你願意做研究，你可以針對個別公司執行這種投資策略；如果你只想把握股市大盤出現的機會，則可以適時買進標準普爾 500 指數的 ETF。

# NO. 38

**當我們觀察股票市場，會看到每天有成千上萬家公司被定價；雖然曾掃過一眼，卻會忽略其中 99.9% 的公司。然後偶爾，我們會發現某間公司，在我們眼中以作為一門生意而言，其定價是相當有吸引力的。**[8]

---

對巴菲特來說，那不是「股票市場」，而是買賣企業所有權權益的「企業市場」。巴菲特希望收購整家公司，或個別企業的部分所有權權益。

但除了是買賣企業所有權權益的市場，它也是一個規模超過 60 兆美元的賭場——在這裡，龐大的投資基金拿出鉅資，押注於個別企業股票價格的短期波動。這個賭場玩家眾多，例如光是蘋果的股票，就有 6,559 個投資基金押注。

有時候，這些巨型投資基金會對某家公司的短期前景過度樂觀，因此會不惜以公司長期經濟狀況無法支撐的過高價格買進其股票。另一方面，這些投資基金有時會對某家公司的短期前景過度悲觀，過度拋售其股票，導致股價跌至相對於公司長期經濟狀況嚴重偏低的水準。當投資基金對企業的短期前景悲觀並過度拋售其股票時，巴菲特有時就會發現「優秀企業」的股價處在非常誘人的水準。

# No. 39

一家不斷經歷重大變革的企業，也會經常面臨發生重大錯誤的可能。此外，在不斷發生劇烈變化的經濟環境，企業是很難建立穩固經營地位的。[9]

---

巴菲特補充道：

經驗顯示，商業上最好的投資報酬，通常是來自現在所做的事與五年前相同的公司。

企業從事的事業如果不斷經歷轉變，就必須花大錢在研發上，不時調整廠房設備和重新教育員工以保持競爭力。可口可樂的裝瓶廠可以持續生產，直到機器老舊損壞。矽晶片製造商就不是這樣了：每次晶片升級，他們都必須調整廠房設備，且機器還未老舊損壞，廠房就可能因為過時而必須廢棄了。改造矽晶片工廠和更新設備，可能需要數年時間並耗費數十億美元。

產品不斷改變是汽車廠商面臨的一大問題。每次推出新車款，廠商都必須耗費鉅資調整工廠設備。巴菲特已經學會避開那些不斷經歷變革的公司。

# No. 40

投資成功取決於以合適的價格買進合適的企業。你必須懂得評估企業的價值,並且你必須保持一種使你不受市場影響的態度。你希望市場是在那裡為你服務,而不是影響你。[10]

---

　　讓股市為你服務。這是個很有趣的概念。股市為巴菲特服務的方式,是偶爾讓那些長期經濟條件非常有利的優秀企業,出現股價大幅低於合理水準的情況。巴菲特說不要讓市場「影響你」,是指你應該避免在股市出現恐慌時被市場氣氛感染,導致你恐慌拋售,同時不敢買進具有持久競爭優勢、股價重挫的公司。當然,你也應該避免被多頭市場的狂熱買氣感染,導致你為這些公司付出瘋狂的高價。

## Chapter 5

# 巴菲特談為企業或股票支付合適的價格

Warren Buffett on the Right Price
to Pay for a Business or Stock

# NO. 41

**一支股票可以買得好也可以買得不好，這完全取決於價格。**[1]

---

什麼叫買得好？什麼叫買得不好？這取決於價格，因為你支付的價格最終將決定你的報酬率。

舉個例子說明一下：2016 至 2020 年間，巴菲特花了約 310 億美元買進蘋果公司的股票，平均買入價格為每股 34 美元，平均本益比約為 16 倍，總共購得約 9.07 億股。

如果巴菲特是完全以 2020 年的高價，即每股 68 美元（相當於 32 倍本益比）買進，他的 310 億美元只能買到 4.55 億股蘋果股票。

在 2024 年初，蘋果股票市價為每股 195 美元，巴菲特那 9.07 億股的總市值為 1,768 億美元——按他的投資成本 310 億美元計算，獲利達 1,458 億美元，總報酬率 470%。

但如果他以每股 68 美元（32 倍本益比）的高價買進，他那 310 億美元只能買到 4.55 億股，以 2024 年

初每股195美元的價格計算，總市值為887億美元——按投資成本310億美元計算，獲利為577億美元，總報酬率為186%。

你支付的每股價格越高，報酬率越低；支付的每股價格越低，報酬率則越高。如果本益比達32倍，巴菲特應該不會買進蘋果的股票；但以16倍的本益比買進，就可以說是買得很好。

# NO. 42

**你可能為很好的企業支付太高的價格……任何投資都可能因為你支付太高的價格而變成糟糕的交易。**[2]

---

假設有家公司一年淨賺 5,000 萬美元,且隨後每年都可以有此盈利,因此是一家很好的企業。現在假設我們對這家公司感到非常興奮,並以年度盈利的 50 倍,即 25 億美元收購它。我們這 25 億美元投資的年度報酬率將是 2%。這意味著,我們拿這 25 億美元投資在報酬率 4.37% 的三十年期美國公債上會得到更好的報酬,因為每年可以賺到 1.092 億美元。

這就是為一家很好的企業支付過高價格的例子。它還是一家好公司,每年還是可以賺到 5,000 萬美元,但如果我們為它付出 50 倍盈利的價格,收購這家很好的公司就會變成一筆糟糕的投資。

# No. 43

**我們不會針對任何一家公司說「無論價格如何,我們都要買它」,因為一旦出現「無論價格如何」這種說法,我們就不會買任何東西。**[3]

---

這就是巴菲特奉行的價格紀律,也是他成為世界級富豪的關鍵。你支付的價格將決定你的報酬率:你付的價格越低,報酬率越高;你付的價格越高,報酬率則越低。具有持久競爭優勢的公司,很容易在多頭市場中價格嚴重偏高,此時是買進的錯誤時機。而在空頭市場中,具有持久競爭優勢的公司可能會出現股價嚴重偏低的情況,這是買進的好時機。

因此,你可以積極儲蓄,列出十五家你認為有持久競爭優勢的公司,等待下一次恐慌拋售事件發生,然後動用你的積蓄以便宜的價格買進這些公司的股票。永遠不要不顧價格買進任何公司。

# NO. 44

**所以，你真正想要的企業是它的產品定價能反映通貨膨脹，但它沒有很多資本支出受通膨影響。**[4]

---

巴菲特說的是企業面對通貨膨脹最好是有「定價彈性」，也就是能輕鬆調整產品價格以反映材料和勞動成本的漲幅。這種定價能力可以確保公司的利潤率在通膨壓力下保持健康。企業如果身處競爭激烈的市場，就可能無法這樣調整產品價格，因為價格競爭壓力將扼殺它們的定價自主空間。

此外，巴菲特也希望企業不會有很多經常性資本支出受通膨影響。如果企業必須不斷投資於設備、基礎設施或其他資產，通貨膨脹將逐漸提高這些投資的成本，進而壓低公司利潤率。持續的資本支出需求較低的企業，比較有能力應對通貨膨脹的壓力。

波克夏的珠寶零售事業，就是具有定價彈性，並且持續資本支出需求不高的完美範例。隨著通貨膨脹按比例推高薪資，人們會維持一樣的消費水準。二十年前 5,000 美元一對的鑽石耳環，現在可能要價 12,000 美元。高級珠寶的利潤率很高，通常達到價格

的 50% 或更高。如果一對鑽石耳環是 5,000 美元，珠寶店可能賺得 2,500 美元。如果現在一對鑽石耳環是 12,000 美元，珠寶店的利潤就可能達到 6,000 美元。而珠寶業與服飾業不同，不存在產品過時的問題。事實正好相反：珠寶店沒賣出去的鑽石，可能一年比一年值錢。而且珠寶店的資本設備支出非常低——店裡的保險庫可能有一百年歷史，珠寶盒子可能有五十年歷史，而除了不時升級收銀機，店面建好後就不會有很多資本支出了。在巴菲特的奧馬哈，已經有三代人在波克夏擁有的寶霞珠寶（Borsheims）購買高級珠寶，並且完全可預見接下來的三代人也將這麼做。

# NO. 45

**我的意思是，證券市場的價格確實會出現驚人的變化。當這些變化朝著對我們有利的方向發生時，我們就會採取行動。但我們今天並不知道明天會做什麼。**[5]

---

2002 年夏季和秋季，在經歷網路股泡沫破滅和九一一襲擊之後，垃圾債券市場崩盤，價格跌到許多債券的到期殖利率高達 30% 至 35%。當時巴菲特花了 80 億美元，買進他所理解的公司的垃圾債券。巴菲特在評論他 2002 年買進垃圾債券時說：

> 有趣的是，在十二個月之內，殖利率高達 30% 或 35% 的一些債券價格大漲，殖利率降至只有 6%。我的意思是，這種事發生在一個並非經歷經濟蕭條或任何嚴重災難的國家，想想真是令人驚嘆。

隨著垃圾債券殖利率回落，這些債券的價格上漲。據報導，巴菲特那 80 億美元的投資，在一年之內賺了 30%。這是否意味著巴菲特經常買進垃圾債券？不是的。這只是告訴我們，當機會來叩門時，巴菲特會大展身手。

# No. 46

**我們總是想收購整家公司。只是我們發現，許多時候我們在股票市場買進優秀企業的部分股權，可以得到的報酬遠比我們經由協商收購整家公司更好。**[6]

---

巴菲特永遠不可能以 15 倍的本益比買下整家可口可樂公司，但在 1988 年的股市空頭市場中，他以 15 倍的本益比買下可口可樂 3.8% 的股權，花了 5.92 億美元。他也不可能以 16 倍的本益比買下整家蘋果，但在 2016 至 2017 年全球經濟放緩期間，他以 16 倍的本益比買下了蘋果 3.3% 的股權，花了 200 億美元。

巴菲特多年來一再表示，如果是經由協商收購整家公司，他從來無法以便宜的價格買進，最多只能談到一個合理的價格。但短視的股市偶爾會在空頭市場中出現瘋狂的走勢，使巴菲特能以前所未見的價格買下世界上一些最優秀企業的部分股權。

那麼，為什麼巴菲特不在股市大跌時直接買下整家公司呢？原因有二：(1) 標的公司的股價並不會在足夠低的水準維持足夠長的時間，讓他能以具吸引力的

便宜價格買進更多股票；(2) 巴菲特往往會動用 5 億美元或更多資金買進標的公司的股票，因此他真的可能使重挫的個股強勁反彈，導致股價脫離堪稱便宜的區間。但對我們這些操作規模小得多的人來說，這兩個問題並不會困擾我們。

## Chapter 6

# 巴菲特談投資顧問

Warren Buffett on Investment Advisers

# NO. 47

**我們認為，把那些積極頻繁交易的機構稱為「投資人」，就像是把一再發生一夜情的人稱為「浪漫情人」一樣。**[1]

---

好吧，我們來好好想想這問題：巴菲特一直認為股票短線交易是愚蠢的行為，因為它是一種投機活動，是押注於短期經濟風向和個別股票或整個市場的動向。這絕不是穩操勝券的事。諷刺的是，雖然巴菲特認為短線交易是愚蠢的，並勸告大家不要這麼做，但正是短線交易創造出他所有的投資機會。據估計，多達90%的投資基金專注於短線操作。大量投資人因應各種經濟動向，買進或賣出股票：利率正在上升——賣出！利率正在下降——買進！人工智慧是最新重大發展——買進！希臘債券即將違約——賣出！歐洲央行將出手救市——買進！華爾街許多銀行將倒閉——賣出所有東西！

投資基金在「淘金熱」中積極買進，往往導致許多公司的股價漲過頭，變得與這些公司的長期經濟基本面完全脫節。恐慌性拋售則恰恰相反：它導致許多公司的股價跌過頭，跌至遠低於巴菲特這種長期投資

人認為合理的水準。基本上，讓巴菲特露出微笑的，正是股票短線交易者的恐慌性拋售。而有趣的是，這種短線交易的恐慌性拋售，於過去七十年間一直在為巴菲特製造金蛋。而未來七十年，這種現象將繼續製造黃金機會，因為正如我們所說，這些稱自己為「投資人」的短線交易者，占市場參與者的絕大多數。正是這些交易者讓巴菲特變得超級富有。

# NO. 48

這一行會有人說,「你應該把60%的資金配置在債券,40%配置在股票。」我們完全不做這種事。我的意思是,我們認為那是無稽之談。[2]

---

投資顧問經常基於他們對經濟的預測,建議你調整你的資金在債券基金和股票基金的配置比重。例如他們可能告訴你:「我們預測股市未來一年將下跌,因此建議你將投資組合從70%股票和30%債券,調整為30%股票和70%債券。」一年後,他們將再次建議你調整投資組合的股債比重;再一年之後,又建議你再次調整。這是他們用以合理化每年向你收取的費用而提供的服務之一。巴菲特認為這類調整投資組合股債比重的建議是無稽之談,因為他不相信任何人能準確預測未來一年的股市走勢。他確信未來十年股市的大方向是上漲,但要預測股市的每年起伏,充其量也只是猜測而已。

# NO. 49

**華爾街是個不重視品質控管的群體,只要投資人願意買,它什麼都會賣。**[3]

---

投資人希望獲得高報酬,同時盡可能降低虧損的風險。但投資遊戲的規律是報酬越高,虧損風險越大。華爾街利用投資人的這種心態,由投資顧問發揮「銷售技巧」的神奇力量,向客戶推銷「高」報酬且「低」風險的金融商品,即使事實並非如此。為了幫助投資顧問做到這件事,華爾街的投資銀行創造出各種「高報酬/低風險」的投資產品,賣給不疑有他的客戶。他們喜歡為這些投資產品取一些奇特的名字,例如 quanto 選擇權、彩虹選擇權(rainbow option)、固定期限交換(constant maturity swap)和百慕達選擇權(Bermudan option)。此外,還有保本型票券(principal protected notes)、自動贖回式票券(autocallable notes)、反式可轉債(reverse convertibles),以及鳳凰票券(Phoenix notes)。別忘了還有波動性交換(volatility swap),以及最著名的信用違約交換(credit default swap)。這一切都是為了迷惑投資人,讓他們永遠不明白自己買了什麼。

這導致投資人完全受他們信賴的華爾街投資顧問控制──這些顧問告訴投資人，這些神奇的投資產品提供高報酬但風險很低。為了安全起見，他們還會告訴投資人要分散投資組合，以便更好地保護自己，免受意料之外的災難衝擊。他們說，精明的投資人都是這麼做的。

這些華爾街市場奇才沒有告訴投資人的是，他們購買的產品通常風險極高，而建議分散投資是為了保護投資顧問，以免這些顧問在這些據稱超級安全的投資產品崩盤時看起來像個大蠢蛋。（2008 年，華爾街一些據稱超級安全的投資產品同時崩盤，不僅讓投資人血本無歸，也拖垮了華爾街幾家大型投資銀行。）

# NO. 50

**華爾街的人靠銷售能力賺到的錢，遠多於靠投資能力賺到的。**[4]

---

　　華爾街業者最有力的賣點是去年的投資績效，其次是一至三年的績效紀錄。沒有人關心五年的績效紀錄，十年的表現就更不用說了。既然90%的投資基金每一到三年就會完全改變投資組合一次，它們的客戶又怎麼可能看得更長遠呢？那些大型投資公司同時經營數百支基金，而基金的投資策略各有不同，因此任何一年裡，這些公司都會有四或五支基金表現非常好，它們的銷售人員——經紀人和投資顧問——因此會有一些短期投資績效可以拿來向客戶宣傳。但是，如果你看長期投資表現，很可能就會發現完全是另一回事了。

# NO. 51

**大多數的專業投資人，聚焦於一檔股票在未來一年內可能會有什麼表現。他們有各種神秘的方法來處理這個問題。他們並不視持股為擁有一家企業的一部分。**[5]

---

這種短視不時為巴菲特創造機會。專業投資人有強烈的動機去創造出色的年度績效，以便可以宣傳自己的基金年度表現最佳，藉此吸引更多人投資，進而擴大所管理的基金規模，好讓他們可以賺到更多基金管理費。

但是，在這種追求短期利潤的過程中，這些短視的專業投資人往往忽略了標的企業的長期經濟條件。他們往往因為標的企業短期前景看來不佳而過度拋售。巴菲特則著眼於長遠評估標的企業的價值，就好像他要買下整家公司並持有多年似的。如果標的企業的股價跌至顯著低於巴菲特的長期估值，他可能就有買進機會可以把握，前提是標的企業在其市場具有某種持久的競爭優勢，股價因此將能回升至符合巴菲特長期估值的水準。

## Chapter 7

## 巴菲特談通貨膨脹的投資涵義

Warren Buffett on the
Investment Aspects of Inflation

# NO. 52

**長期情況很容易大致預測，但我無法預測十天後或十個月後的股價。**[1]

---

巴菲特發現，政府增加發行貨幣導致的長期通貨膨脹，最終將推高具某種持久競爭優勢的公司的收入和利潤。人口不斷增加也有這種作用：它將使市場對各種產品的需求增加，進而推高銷售量和利潤。這是因為市場對這些公司的產品和服務之需求，不會因為價格上漲而減少。這些公司能維持利潤率，而隨著產品價格和銷量上升推高公司的收入和利潤，盈利增加最終將使公司的事業變得更有價值。

試舉例說明：1980年，鄰近巴菲特兒時住家的一棟房子賣47,000美元，現在同樣一棟房子價值437,000美元。那麼，誰將因為房價上漲而得益？1980年，賣出這棟房子的房屋仲介賺得約2,300美元的佣金。如果這棟房子現在以437,000美元賣出，房屋仲介將賺得約21,000美元的佣金。房價上漲也將惠及保險公司。1980年，這棟47,000美元的房子每年保險費為400美元。現在同一棟房子每年的保險費約為2,700美元。銀行也將受惠。47,000美元的三十年期房

屋抵押貸款，如果利率是 5%，銀行三十年下來可以賺得約 43,840 美元的利息。但如果房貸金額是 437,000 美元，銀行將可以賺到約 407,000 美元的利息。

房價上漲讓房屋仲介公司、保險公司和銀行都賺到更多錢，而最精彩的是，除了電腦升級，這些公司多數不必因為業務規模擴大而不斷改善基本的辦公設施；它們多數還是在三十年前的那棟大樓裡營業。波克夏旗下的保險事業——國民保險公司（National Indemnity），自巴菲特 1967 年買下該公司之後，一直在同一棟大樓裡辦公。在巴菲特擁有國民保險公司的五十五年裡，該公司的簽單保費從 1967 年的 1,900 萬美元，增至 2023 年的 220 億美元——這一切都是該公司在同一棟大樓裡，用同樣的辦公室電話，加上後來出現的電子郵件系統做到的。並且這些企業都不必面對產品過時的問題——一百年後，人們還是會買房、買保險，以及向銀行借錢。

巴菲特發現，上述道理也適用於汽車經銷商和汽車保險公司。隨著通貨膨脹推高汽車價格，汽車經銷商從每輛汽車賺到越來越多錢；汽車保險公司也因為汽車越來越貴，賺到了越來越多保費。而人口成長意味著汽車銷量增加，汽車保險公司於是賣出更多保單。這就是為什麼波克夏擁有房地產公司、產物和汽車保險公司、汽車經銷公司，以及在一家大型銀行擁有規

模可觀的股權。

查理・蒙格是這麼說的：

雖然我們不喜歡通貨膨脹，因為它對我們的國家和文明不利，但長期而言，我們很可能會因為通貨膨脹賺到更多的錢。

# No. 53

**除了負債累累的人,沒有人想看到嚴重的通貨膨脹。**[2]

---

如果你生活在通貨膨脹率 10% 的世界,每年物價將上漲 10%,貨幣購買力每年將萎縮 10%。但隨著通貨膨脹導致物價上漲,薪資通常也會上漲——雖然並非總是同步上升,但薪資最終確實會增加。1960 年,美國聯邦最低工資為每小時 1 美元,現在則是每小時 7.25 美元。在 1960 年,如果你每小時賺 1 美元,你必須工作 10 萬個小時才能賺到 10 萬美元——相當於 48 年的工作時間。現在如果你每小時賺 7.25 美元,你只需要工作 13,793 小時(6.6 年)就能賺到 10 萬美元。在 1960 年,10 萬美元可以在美國中西部買一棟豪宅,現在則只能買到一間小房子。因此,最好可以在 1960 年借入 10 萬美元,買下豪宅,然後拖到很久之後才還款,拖越久越好,屆時就可以利用你那被通膨放大的賺錢能力來償還 1960 年所借的 10 萬美元貸款。

更有趣的是,假設你現在借了 100 萬美元買房子,三十年期房貸固定利率 3%,而通膨率是 5%。理論上,你那 100 萬美元的房子每年升值 5%,但你用來買房的 100 萬美元貸款每年只需要付 3% 的利息;所以我們

可以說，你每年因為兩者的差距賺到 2%（5% － 3% ＝ 2%）。但若通膨率跳升至 10%，則你每年因為兩者的差距而賺到 7%（10% － 3% ＝ 7%）。100 萬美元的 7%，相當於每年賺入 70,000 美元。如果你借了 1,000 萬美元，並買了 1,000 萬美元的房子，我們可以說你每年賺了 700,000 美元——這是通貨膨脹為你創造的價值。而通膨率越高，你從貸款成本與房產升值的差額中獲利越多。因此，根據巴菲特的說法，如果你現在借錢買房，通貨膨脹會成為你新的好朋友。

Chapter 8

# 巴菲特談持有現金的好處

Warren Buffett on the
Advantages of Holding Cash

# No. 54

**我們深信握有現金大有好處——歷史上曾有過幾次，未來也還會有更多這樣的時刻：如果你手上沒有現金，第二天你就無法把握大好機會。**[1]

---

在其他人都沒有現金的時候持有現金，是巴菲特投資策略的一個關鍵要素。而他之所以發現此事，則完全出於偶然。在1960年代末和1970年代初期熾熱的多頭市場中，巴菲特再也找不到便宜的股票可買，此時他沒有改變投資策略，而是結束了他的投資合夥事業，套現離場。然後在1973-74年的股市崩盤中，滿手現金的巴菲特突然發現他喜歡的公司全都跌至股價便宜的水準，於是他拼命買進。當時查理‧蒙格還在經營他的投資合夥事業，在1973-74年的崩盤中，損失了投資人一半的資金。雖然他後來賺回了這些錢，但這次崩盤對他來說是一次創傷性事件。兩人的差別在於市場崩盤發生時，蒙格持有價值全都縮水的大量股票，巴菲特則滿手現金，可以用便宜的價格買進優秀企業的股票。

巴菲特曾表示，他在持有大量現金的情況下遇到1973-74年股市崩盤，這件事改變了他的整個職業生

涯。他這種持有大量現金、為市場崩盤做好充分準備的策略，在 2008-09 年的股災中發揮得淋漓盡致。當時巴菲特經由波克夏成為多家公司的最後放款人，包括高盛（50 億美元）、美國銀行（50 億美元）、Mars 糖果（65 億美元）、奇異集團（30 億美元）、哈雷機車（3 億美元），此外還以 260 億美元收購了整家 BNSF 鐵路公司。

蒙格則更具體地說明了這種策略：

> 致富之道就是支票存款帳戶裡隨時有一千萬美元，以備好交易出現時把握機會。

這正是為什麼如我們之前提到，波克夏準備了超過兩千億美元，等待好交易的到來。

# NO. 55

**人們通常在錯誤的時候緊握現金。**[2]

---

股市創歷史新高,經濟興旺,銀行空前強健,人們什麼都買(包括汽車、新屋、度假屋、藝術品),所有投資全都賺錢。在人人揮金如土之際,正是巴菲特停止花費,開始囤積現金的時候。

股市崩盤、企業倒閉、銀行破產,人們開始囤積現金;更為了獲取更多現金,開始賣出資產,包括股票、房產和所投資的其他東西。在這個過程中,他們讓股票價格跌至谷底。自大衰退以來,股票價格從未如此便宜!!!當人人都開始囤積現金時,就是巴菲特開始動用他囤積的現金,買進其他人亟欲拋售、價格重挫的股票的時候。

在某種程度上,巴菲特的投資理念就是這麼簡單。

# NO. 56

現金之於企業，一如氧氣之於個人——在它充足時，你完全不會想到它；當它不足時，你滿腦子只會想到它。[3]

---

商業本票是一種無擔保短期債務工具，期限為一個星期至270天，大型企業和金融機構可以利用這種工具滿足短期資金需求，例如用來支付薪資、庫存和季節性支出。企業利用這種債務工具的原因之一，是其利率遠低於長期債務。結果這衍生出一個嚴重的問題：有些公司沒有妥善安排長期融資，選擇利用商業本票來滿足一些長期資金需求。這些公司在商業本票到期時，利用新的商業本票將債務展延——這種操作非常順利，直到2008年金融市場崩盤，規模2兆美元的整個商業本票市場凍結，沒有人願意繼續認購這些公司的商業本票，導致這些企業突然面臨現金不足的窘境。哈雷機車就是其中一家公司，到了2009年，該公司深陷困境，急需數億美元現金，但沒有人願意借錢給它。此時巴菲特伸出援手，安排波克夏借出3億美元給哈雷，為期五年，年利率15%（每年利息4,500萬美元）。當巴菲特被問到為什麼不買哈雷的股票時，

他答道：

> 我有點喜歡那種顧客會把你的名字刺在胸口上的生意。以我對這家公司的了解，足以支持我借錢給它；但還不足以支持我買進它的股票。

哈雷活了下來，而波克夏那 3 億美元的投資賺了 2.25 億美元。

# No. 57

在未來一百年會有那麼一刻——可能是明天，也可能是一百年後，沒有人能預料——波克夏將無法仰賴任何外部支持來維持自身的力量和公司營運。而我們花了太長的時間建立波克夏，不能讓那一刻摧毀我們。[4]

---

在波克夏提交給美國證券交易委員會（SEC）的2023年公司年度報告中，藏著一條關於股票回購的條款，內容如下：「但是，若回購股票會導致波克夏整個集團持有的現金、約當現金與美國國庫券總值少於300億美元，我們就不會執行回購。」這是巴菲特希望波克夏無論何時都要持有的備用現金總額，以確保無論遇到何種經濟動盪或災難，波克夏都能屹立不搖——即使屆時巴菲特早已將他精心建造的企業集團交給另一位船長，由他帶領波克夏在波濤洶湧的商海中遨遊。

## Chapter 9

# 巴菲特談如何從錯誤中獲益

---

**Warren Buffett on Benefiting
from One's Mistakes**

# NO. 58

**人生中的成就得以達成，某程度上是因為你知道並非所有事情都會成功。**[1]

---

巴菲特接著說：

> 你在人生中一定會犯錯，這是毫無疑問的……我做了非常多的商業與投資決策，不可能不犯一些錯誤……如果你打高爾夫，每一洞都一桿進洞，那就沒人要玩了，因為它變得毫無樂趣……你必須偶爾把球打進長草區（rough），再把球從那裡打出來……這樣才會有趣。

1987 年，巴菲特就曾把球打進「長草區」——他以 7 億美元投資華爾街投資銀行所羅門兄弟（Salomon Brothers），該公司在監理方面出了嚴重問題，眼看就要被勒令關閉。這個規模巨大的爛攤子，迫使巴菲特介入出任所羅門兄弟董事長，查理・蒙格則掌管審計委員會。巴菲特解雇了所羅門兄弟數名高層，引入新執行長，並說服政府容許該公司繼續經營。巴菲特最終成功了，拯救了這家投資銀行和他 7 億美元的投資。

# NO. 59

**我寧願從他人的錯誤中吸取教訓。**[2]

---

親身經歷是最好的學習方式。但由於過程中或許會犯下各種錯誤,這種學習方式可能代價高昂。愛迪生發明燈泡失敗了上千次才終於成功,但在投資這件事上,你無法承受太多的錯誤。

巴菲特非常喜歡閱讀人物傳記和企業傳記。他發現閱讀能讓他快速從他人的錯誤中學習,而代價只是區區書價。只需要拿起一本書,巴菲特就可以了解約翰・洛克菲勒(John D. Rockefeller)當年如何建立他的企業帝國,看著 JP 摩根(J. P. Morgan)如何勇敢地終止 1907 年危及美國經濟的股市崩盤;以及了解老湯姆・華生(Thomas J. Watson Sr.)如何奮力建立 IBM。巴菲特不僅研究成功的故事,也研究失敗的案例,因為華爾街滿是贏得和失去鉅額財富的故事。巴菲特藉由閱讀大量書籍,獲得了豐富的世俗智慧——而這些書大多可在任何公共圖書館免費取得。若圖書館的書架上沒有你要找的書,友善的圖書館員也會很樂意藉由館際互借安排協助你借閱。而且,完全免費!

# NO. 60

**好主意可能會比壞主意帶給你更多麻煩。**[3]

---

班傑明・葛拉漢告訴我們,每個好主意都有其極限,沒有認清這種極限就可能犯下嚴重的錯誤。巴菲特解釋道:

> 許多人開始買股票是因為他們覺得股價便宜,而以便宜價格買進股票是個好主意。但隨著股價不斷上漲,他們繼續買入,不知不覺中買進了價格過高的股票,而以過高的價格買進股票就是個壞主意,此時他們就陷入了麻煩!

巴菲特在買進他認為價格偏低的公司股票時,會設定「價格上限」。一旦標的公司的股價超過他的「價格上限」,他就會停止買進,因此得以避免他的好主意變成壞主意。近年他就針對蘋果公司的股票做了這樣的事——他在幾年間不斷買進蘋果股票,直到蘋果股價升至他認為不再有吸引力的水準。

# NO. 61

巴比・貝爾（Bobby Bare）的鄉村歌曲有句歌詞解釋了企業併購經常發生的事：「我從未與醜女人上床，但我確實曾數次在醜女人身旁醒來。」[4]

---

巴菲特在他的職業生涯中曾犯過一些錯誤，其中最糟糕的一次是 1993 年以價值 4.33 億美元的波克夏股票收購德克斯特鞋業公司（Dexter Shoe）。當時該公司看起來很不錯，巴菲特還表示：「沒有比製鞋更好的生意了。」德克斯特出產美國製造的優質鞋子，吸引了一群追隨者，創造出品牌忠誠度。而鞋子絕對是必需品：美國人每年購買十億雙鞋，但鞋子最終都會穿壞，所以人們必須不斷購買新鞋。

但巴菲特沒料到的是，到了 1990 年代末，廉價的中國製鞋子湧入美國市場，摧毀了德克斯特的商業模式。該公司在緬因州的高成本勞動力，無法與廉價的中國勞動力競爭。德克斯特至今還在生產鞋子，但業務規模已遠不如巴菲特收購它的時候。最近有人問巴菲特犯過最嚴重的錯誤是什麼，他的答案即是收購德克斯特。「我拿出波克夏 1.6% 的股份，這是一家非常好的公司，去買下一家最終沒有價值的公司⋯⋯德克斯特是我做過的最糟糕交易。」

# NO. 62

**在收購與監督各式各樣的企業之後,查理和我並沒有學會解決困難的商業問題。我們學到的是避開這些問題。**[5]

---

房地產業有句老話:有時你能做出的最佳投資決定就是說「不」。查理·蒙格說得更好:

> 好企業與壞企業的差別在於,好企業總是一個接一個地拋出容易的決定,而壞企業則一次又一次地拋出痛苦的決定。

巴菲特和蒙格因為曾投資風車製造商、百貨公司、紡織廠、製鞋廠和航空公司,在受過慘痛教訓後學到了這個道理。為什麼這些企業不好?因為它們身處競爭激烈的行業,價格競爭的壓力壓低了它們的利潤率並損害其現金流,也降低了公司長期存活的可能性。不過,巴菲特和蒙格的投資錯誤最終都成了祝福。因為他們學到了成功投資的訣竅,在於避開那些糟糕的企業和陷入困境的行業;總是投資於具有某種持久競爭優勢的優秀企業,即使必須為此付出不算便宜的合理價格。

# NO. 63

**1966 年，我們在巴爾的摩擁有一家百貨公司，而如果一直持有它，我們應該已經破產了。所以，認清現實也很重要。我的意思是，你不會想試著去修復一個無法修復的東西。[6]**

---

1966 年，巴菲特和蒙格購入霍奇查爾德柯恩百貨（Hochschild Kohn）100% 的股權。這家家族經營的企業有七十年歷史，在巴爾的摩市中心經營一間著名百貨公司，歷來相當成功，銷售高品質商品，提供優質客戶服務，並舉辦一年一度的玩具城遊行（Toytown Parade），是深受歡迎的巴爾的摩感恩節傳統節目。巴菲特和蒙格以為收購了一家根基穩固的老企業，而且是以顯著低於公司帳面淨值的價格買進。這看來是筆划算的交易，有足夠的「安全邊際」來確保投資大獲成功。過去一百年裡，美國各地都有百貨公司賺了大錢。巴菲特和蒙格都在奧馬哈長大，當地的百貨生意讓布蘭代斯（Brandeis）家族致富，而在 1966 年，這個家族還是能從百貨業中獲利。

巴菲特和蒙格沒有意識到的是，新興的郊區購物商場當時開始搶走著名傳統百貨公司的生意。這很可

能就是霍奇查爾德和柯恩家族出售家族事業的原因：他們看見了公司已然註定的結局。巴菲特和蒙格很快就認知到，他們原先以為根基穩固的老企業，其實是一家正在慢慢死去的公司，於是在 1969 年賣掉了霍奇查爾德柯恩百貨，價格與他們當年的收購價差不多。蒙格後來感嘆道：

> 收購霍奇查爾德柯恩就像那個某人買遊艇的故事——他最開心的兩個日子，就是買下遊艇的那天和賣掉遊艇的那天。

Chapter 10

# 巴菲特談如何評估一家公司及其股票的價值

Warren Buffett on Valuing a
Company and Its Stock

# NO. 64

**一家公司未來能產生的現金數額，遲早將決定它在市場上的價值。**[1]

---

巴菲特的華爾街導師葛拉漢告訴我們，短期而言，一家公司的股價取決於一種人氣競賽的結果——這種競賽可能導致股價跌至瘋狂的低點，也可能使股價升至荒謬的高位。但長期而言，股價將反映公司的「內在價值」，而內在價值取決於公司未來能夠賺到多少現金。葛拉漢的策略是在股價低得離譜時買進，在股價升至公司內在價值時賣出。

但巴菲特認知到，市場上有少數公司具持久的競爭優勢，其價值逐漸但不斷增加。短期而言，股票市場的「人氣競賽」可能會低估這些公司的價值；但長期來看，股市終將認識到這些公司的價值不斷增加，屆時它們的股價將相應上漲。此外，巴菲特也體認到，如果他在股市低估這些優秀企業的價值時買進，然後長期持有，等待公司優越的經濟條件在十年或二十年的時間裡促成業務大幅成長，可以賺到的投資報酬將遠優於遵循葛拉漢的策略（在股價達到公司內在價值時即賣出）。

查理・蒙格這麼說：

> 如果你買進某項資產是因為它的價值被低估了，那你就必須在它的價格逼近你估算的內在價值時賣出。這不容易。但是，如果你能買進價值不斷增長的幾家優秀企業的股票，你就可以不動如山，坐享其成。

波克夏海瑟威最能體現這一點。過去五十年裡，該公司股價曾在 1970 年代初期低於公司帳面淨值，但在 1990 年代末期已幾乎是帳面淨值的兩倍。如果我們以低於帳面淨值的價格買進該股，然後以帳面淨值的兩倍賣出該股，我們可以賺到很多錢。但如此一來，我們會錯過波克夏股價在 2011 年至 2024 年間的巨大漲幅，期間該公司 A 類股從每股 104,000 美元大漲至 715,000 美元。如果選對了公司，那麼一如查理所言，不動如山、坐享其成才是明智的。

# NO. 65

**假定標的企業可以維持極高的成長率非常久的時間，這樣的想法導致投資人損失了非常、非常多的錢……查理和我極少——幾乎從不——做這種事。這麼做可能讓你損失慘重。**[2]

---

在評估企業價值時，假定標的企業可以維持極高的成長率非常久的時間，會得出高得離譜的估值。如果你根據這種估值，得出標的企業股價便宜（或合理）的判斷，你可能在未來得到非常慘痛的教訓。以下舉例說明巴菲特所說的這種危險。

假設某家公司在過去十年，每股盈餘平均每年增加 15%，而它現在 2024 年每股盈餘 4 美元。若假定該公司每股盈餘在未來五十年都能保持每年 15% 的成長，則 2074 年的每股盈餘將是 4,335 美元。將 4,335 美元的每股盈餘以 5% 的折現率折算為現值，結果為每股 378 美元，是 2024 年每股盈餘 4 美元的 94 倍。但如果將展望期改為二十年，到了 2044 年，每股盈餘將為 65.47 美元。將 65.47 美元的每股盈餘以 5% 的折現率折算為現值，結果為每股 24.50 美元，是 2024 年每股盈餘的 6.1 倍。我們假定成長率可維持的期間越長，得出的估值就越高，而根據此估值來做投資決策也就益發危險。

# No. 66

**帳面淨值不是我們考慮的因素，未來的盈利才是我們考量的重點。**[3]

---

巴菲特在 1950 年代初期開始投資，當時許多公司的股價低於公司每股帳面淨值。他會尋找那些股價僅為每股帳面淨值一半的公司來買進，稱之為「以 50 美分買入 1 美元」。當股價升至每股帳面淨值時，巴菲特就會賣出股票，賺得 100% 的投資報酬。但此種投資方式有其侷限，因為它無法利用優秀企業以持久競爭優勢所創造的持續價值增長──這些企業優越的經濟條件讓公司的價值不斷成長，而巴菲特必須持股二十年或更久才能充分獲益。

想想以下的事實：1965 年至 1968 年間，巴菲特個人耗費約 600 萬美元買入波克夏的股票，為自己買了 394,754 股。如果他在這些股票升值一倍後就賣掉，他將獲得 100% 的投資報酬。但他沒有賣掉，而是一直持有。過去五十九年間，波克夏的股價從 1965 年的 12.50 美元，升至 2024 年的逾 715,000 美元，讓巴菲特 1965 年的投資獲得約 57,200 倍的報酬。如果巴菲特沒有在過去三十年間捐出許多波克夏的股票給慈善

基金會,他原本的394,754股股票,今日價值約為2,820億美元。這將使他成為地球上最富有的人,甚至比傳奇企業家伊隆‧馬斯克(Elon Musk)更有錢。但若巴菲特一直採用「老方法」,以每股帳面淨值一半的價格買入股票,然後在投資報酬達到100%時賣出,這一切都不可能發生。對巴菲特來說,真正的大錢永遠來自未來的盈利,這也是他聚焦於未來而非過去的原因。

# Chapter 11

# 巴菲特談房地產投資

Warren Buffett on
Real Estate Investments

# NO. 67

**在多數情況下,真的很難找到定價錯誤的房地產。**[1]

---

巴菲特從未對房地產投資表現出任何興趣,原因是房地產市場競爭極度激烈,有許多使用大量槓桿的老練參與者。由於房地產交易使用大量債務融資,房產價格很大程度上受到抵押貸款利率支配,而這意味著房地產極少以便宜的價格出售。此外,在股票市場會有的不理性恐慌拋售(巴菲特因此得到絕佳買進機會),幾乎從未發生在房地產市場。房地產投資也無法提供可與巴菲特其他潛在投資標的競爭的報酬。

想想以下情況:房地產的資本化率(cap rate)是根據房產市值計算的預期年報酬率。目前紐約市甲級辦公大樓的資本化率為 3.5% 至 5%。如果支付 30% 的頭期款,並以貸款為餘額融資,可將報酬率提高至 6% 到 10%。但這 6% 到 10% 的報酬當年就要納稅,個人投資人的稅後報酬率因此只有 3% 到 5%。而巴菲特從不覺得這種報酬率有吸引力。

不過,巴菲特雖曾表示不願意投資房地產,但偶爾也會投資一些不動產投資信託(REIT)。REIT 基

本上是擁有並管理大量商用不動產的投資信託。許多REIT是在交易所公開交易的。遇到經濟動盪時，例如2008年，REIT的市價相對於其支付的股息可能變得便宜。這種情況發生時，巴菲特會選擇性買進一些REIT，因為它們的股息殖利率相對於美國公債利率具有吸引力。

# NO. 68

**進入房地產業的人都會被告知，第一規則、第二規則和第三規則是：永遠不要簽任何東西。**[2]

---

房地產貸款有許多類型。其中一種是無追索權（non-recourse）抵押貸款，也就是貸款違約時，銀行只能扣押作為抵押品的房產，除此之外不能向借款人追討欠款。銀行不能為了收回拖欠的貸款而追索借款人的任何其他資產，例如銀行存款；也不能要求借款人以其收入償還貸款。銀行不喜歡發放無追索權貸款，但可能會為了替大型房地產交易融資而提供這種貸款，前提是開發商有良好的信用紀錄，而且能提供可觀的頭期款，讓銀行在開發商拖欠貸款時得到額外保障。房地產開發商喜歡無追索權抵押貸款，因為他們可以拿投資人的錢支付頭期款，然後借入鉅額（例如1億美元）的無追索權抵押貸款，接著違約拖欠且不受懲罰，任由投資人蒙受損失，而銀行僅能取得被拿來抵押的房產。沒有哪一行能像房地產業這樣了。

# NO. 69

**如果你欠銀行 100 美元,那是你的問題。如果你欠銀行 1 億美元,那就是銀行的問題了。**[3]

---

巴菲特的投資理念與唐納・川普(Donald Trump)的實際經歷終於在此交會。如果有家公司拖欠 100 萬美元的房地產貸款,銀行會願意取消原價值 100 萬美元的房產的贖回權,以虧損 20% 的價格賣出,然後以銀行當年的盈利吸收這筆放款的損失。銀行之所以願意這麼做,是因為 20 萬美元的虧損雖然損害盈利,但銀行可以輕鬆承受。

但如果有家公司借了 1 億美元來開發一棟大樓,拖欠貸款,然後銀行以虧損 20% 的價格賣出作為抵押品的大樓,銀行將虧損 2,000 萬美元,而這可能嚴重影響銀行的年度盈利。銀行不喜歡帳上出現損失 2,000 萬美元這種問題,所以會極力避免這種情況。銀行通常會與借款人重新協商還款方案,讓借款人可以繼續開發大樓,以免銀行必須取消抵押房產的贖回權。

唐納・川普在 1990 年代擁有紐約市廣場飯店(Plaza Hotel)時,就遇到這種「銀行不想取消抵押品

贖回權」的情況。當時廣場飯店虧損連連，川普為了買下飯店而向幾家銀行借的貸款也出現拖欠，銀行必須決定是否取消抵押品贖回權。最終銀行選擇不取消，而是取得廣場飯店 49% 的所有權，由川普擁有 51% 的控股權益。為什麼？因為銀行並不是經營飯店的行家，也沒有管理飯店的能力。如果他們取消贖回權，把川普踢出局，他們可能被迫關閉飯店，直到找到買家接手；而空置的飯店價值，遠不如有客人入住的飯店。對銀行來說，讓川普繼續經營飯店，直到飯店扭虧為盈或找到買家接手，才是更好的選擇。

# Chapter 12

# 巴菲特談銀行業的危險

Warren Buffett on the
Dangers of Banking

# NO. 70

**曾有一位銀行家對我說:「我不知道為什麼,我們在損失金錢的舊方法仍然那麼有效的時候,還一直在尋找損失金錢的新方法。」**[1]

---

銀行賺錢主要是靠所謂的期限錯配——銀行借入短期資金,同時提供期限較長的貸款。例如銀行為客戶可隨時提取的儲蓄存款支付 3% 的利息,然後以 5% 的利率提供一定期限的貸款給借款人,每年獲取 2% 的利差。或許看似不多,但因為銀行處理的資金是以十億美元計,所以 2% 的利潤十分可觀。

但是,如果借款人拖欠貸款,銀行也可能蒙受巨大損失。例如房地產開發商如果拖欠 5,000 萬美元的無追索權貸款,銀行就可能承受以百萬美元計的損失。如果出現嚴重的放款損失,銀行的資本和存款人的資金就可能化為烏有。因為這種放款損失問題在 1930 年代初期的美國多次發生,導致許多存款人血本無歸,美國政府因此介入,成立了一家非常特別的互助保險公司,稱為聯邦存款保險公司(FDIC),以保護存款人的資金。(FDIC 目前提供的存款保障以 25 萬美元為限。)

FDIC 的特別之處在於它由政府經營，但實際上是由銀行業者出資。銀行業者每年向 FDIC 支付費用，換取 FDIC 為存戶提供最高 25 萬美元的存款保障。如果某一年 FDIC 出現資金不足的情況，它會向參與存款保險計畫的銀行收取額外費用，以補不足。在 FDIC 為存戶提供存款保障的九十年間，美國政府不曾為此花過一分錢。

# NO. 71

**點燃的火柴可能引發大火,也可能被吹熄。**[2]

---

這是巴菲特對於 2023 年矽谷銀行危機的說法。我們來回顧一下歷史:在 2020 年至 2021 年利率超低的那段期間,一年期美國公債殖利率跌破 1%,最低甚至只有 0.1%。這意味著,投資 1 億美元在一年期美債上,每年只能獲得 10 萬美元的利息。相比之下,十年期美國公債的殖利率還有 0.7%,意味著投資 1 億美元在十年期美債上,每年可以賺到 70 萬美元的利息。一些銀行決定買進十年期美債以賺取較高收益。這似乎是安全的做法,畢竟投資標的是美國公債。

然而到了 2022 年,聯準會開始升息,持有十年期美債的銀行因此開始出現投資虧損。(隨著新的十年期美國公債殖利率上升,收益較低的舊美債的價值下跌。)有些銀行選擇賣出那些美債,承擔損失;但也有些銀行不願在損益表上揭露虧損,決定繼續持有這些虧損部位,寄望利率不會升得太高。但隨著利率大幅上升,堅持持有十年期美債的數家銀行開始看似將失去償付能力。

存戶聽到這些銀行岌岌可危的風聲，開始把資金全數提出。網路銀行服務讓這件事變得非常容易。相關銀行需要資金以滿足存戶的提款需求，於是賣出手上虧損嚴重的十年期美債，幾家銀行因此真的失去了償付能力。這引起更大的恐慌，導致人們從許多小型銀行提走資金，甚至是那些沒有問題的銀行。結果是整個金融體系都面臨崩潰的危險。因應可能發生的大災難，美國政府出手干預，宣布無論存款金額大小，無論存款人是誰，所有存款都受到美國政府的保護。這在最後關頭終止了擠兌潮。就在點燃的火柴即將引發一場可能摧毀全美銀行體系的金融大火之際，山姆大叔及時吹熄了火柴。

## Chapter 13

# 巴菲特談投資於日本、中國和世界其他地區

Warren Buffett on Investing in Japan, China, and the Rest of the World

# NO. 72

**我當然認為投資原則不會因國家而異。如果我投資於中國、印度、英國或德國,我會採用完全相同的原則。**[1]

---

巴菲特接著說:

我會視股票為一家企業的一小部分,而投資市場出現波動是我得益的機會,並不會傷害我。我將集中關注那些我認為我了解其競爭優勢的企業,聚焦於它們五年或十年後的預期樣貌。

奇怪的是,無論語言或文化如何,全球人類的投資行為至今仍主要是短視的。每一個經濟體都會出現企業股價變得過高的多頭市場,也都會出現空頭市場和恐慌性拋售。所有經濟體都有少數企業擁有某種持久的競爭優勢,也都有一再經歷景氣起伏、極難估算價值的企業。所有經濟體也都有短視的專業投資人,他們不時導致企業股價大幅偏離合理水準,為那些奉行巴菲特原則的長期價值投資人創造機會。

# No. 73

**我們的日本投資很簡單。有五家非常可觀、可以理解的公司，它們支付不錯的股息，也會買回自家股票，而波克夏可以藉由借入日圓資金來為這些投資融資，從而做好匯率風險管控。**[2]

---

2021 年，巴菲特動用相當於 67 億美元的日圓資金，買進了日本五大「綜合商社」的股票——三井物產、三菱商事、伊藤忠商事、丸紅商事以及住友商事。

由於日本是個天然資源不足的島國，該國製造業和民眾日常生活所需的許多物資大量仰賴進口。包括棉花、石油、天然氣、鋼鐵、礦產、牛肉，以及許多外國製造的消費品和工業品。日本商社經由自身在世界各地的辦事處和貿易夥伴，促成這些原料和產品的進口，同時也將日本生產的產品出口到世界各地。

上述五家商社都有盈利成長和回購股票的悠久歷史。但它們成為誘人投資標的的真正原因，是它們的股息殖利率都有 2% 左右，而巴菲特可以在日本債券市場以平均 0.6% 的利率借到相當於 67 億美元的日圓資金——這意味著，他可以從 2% 的股息與 0.6% 的差

距之間賺得 1.4% 的利差（每年獲利 9,380 萬美元）。因為那些商社是以日圓支付股息，巴菲特可利用收到的股息支付日圓債務的利息。因此，美元兌日圓的匯率波動，要到許多年後——待巴菲特賣出他的日本投資，將波克夏的資本利得帶回美國時——才可能產生影響。

2023 年底，波克夏宣布再次進入日本債券市場借入更多日圓，將它在日本的日圓借款總額提高至相當於 88 億美元。同時，波克夏也宣布將它在五家日本商社的持股增至約占已發行股份的 9%。2024 年，巴菲特表示，波克夏在這五家日本商社的投資已賺進超過 80 億美元。

# NO. 74

**在資本體制中,長期而言,效率是必要的。**[3]

---

在資本主義市場經濟中,創新會帶來新的商業機會,但一旦最初的競爭塵埃落定,剩下的競爭者便會陷入效率之爭。為什麼?因為隨著時間推移,提升效率意味著降低成本,而降低成本可以提高企業的獲利能力,從而增強其競爭力,長期而言,也提高了企業在競爭激烈的市場中永續經營的機會。

這種效率競爭在矽晶片產業尤其突出。該產業發源於加州矽谷,這裡是科技創新的溫床。一開始,快捷半導體(Fairchild Semiconductor)等早期創新者主宰了矽晶片市場。隨著時間推移,越來越多公司開始生產矽晶片。這些不同的公司開始互相競爭,做法是提高晶片的效率,將更多的電晶體塞進一塊晶片。隨後競爭轉移到提升生產方法的效率上,這可以降低生產成本,使業者得以降低產品價格,提高其晶片在市場上的競爭力。之後,為了追求更高的效率,業者開始將生產活動從美國轉移到勞動成本較低的國家,例如日本、韓國和台灣。最終,追求效率使矽晶片產業變得高度專業化 —— 如英特爾(Intel)和三星設

計、製造和銷售自己的晶片；而輝達（Nvidia）、高通（Qualcomm）和超微半導體（AMD）則專注於設計和銷售，並委託台灣的台積電等晶圓廠負責製造。在競爭激烈的資本主義世界裡，達爾文的「適者生存」理論，完全可以改寫為「高效者生存」。

# No. 75

**你在中國會發現很多機會。查理會說，你在中國可以利用的狩獵場，甚至比在美國擁有類似資本的人更好。**[4]

---

美國一年的國內生產毛額（GDP）有 23.02 兆美元，其證券交易所有 6,000 至 7,000 家上市公司。中國一年的 GDP 為 17.7 兆美元，而中國大陸和香港的證券交易所共有 7,679 家上市公司。無論從哪個角度看，中國數量龐大的上市公司加上其強大的經濟，實際上讓巴菲特未來投資的狩獵場擴大了一倍。

# NO. 76

**中國過去五、六十年間的成就完全是經濟奇蹟。我從未想過這有可能發生。但事實是,他們和我們一樣聰明,和我們一樣努力工作,而他們從一個較低的基礎發展經濟,每年的經濟成長百分比將高於我們很長一段時間。中國必將有美好的經濟前景,一如我們。**[5]

---

　　1990 年,美國生產了全球 27% 的工業製品,而中國僅有 3%。如今,中國生產了全球約 28% 的工業製品,而美國則是 16%。中國消費了全球 13% 的產出,美國為約 20%。中國仰賴出口來維持其經濟引擎的運轉,美國則依賴進口來滿足消費者。中國有貿易盈餘,美國處於貿易赤字。中國持有價值 8,680 億美元的美國公債,美國人持有不到 10 億美元的中國主權債。美國消費了 15% 至 20% 的中國工業製品。由於美中兩國經濟緊密相連,若兩國之間爆發經濟戰將兩敗俱傷。

# NO. 77

我認為,中國和美國絕對會是超級大國,並且在我曾孫輩那一代人之後依然如此。兩國將一直是商業上、思想上,以及其他各方面的競爭者……我們必須確保競爭不至於讓我們忘了:最理想的世界是美中兩國共同繁榮的世界。[6]

―――――

坦白說,超級大國之間的衝突是無法避免的——衝突源自它們的本質。它們會在商業上競爭,在思想上競爭,在許多方面以許多不同的方式競爭。但我們不希望它們在戰爭中較勁,因為戰爭沒有任何好處。這正是自由市場資本主義的其中一個美妙之處:每一筆商業交易都是經過協商的互惠利他交換——你得到你想要的,我也得到我想要的,雙方都得益。我們每次走進商店購物,都是在進行這樣的交易。美國人與中國人之間,每天都直接或間接地進行上百萬次這樣的交易,兩國人民皆因此得益,許多人因此展露歡顏。

當然,美國對中國有惱人的貿易逆差問題。美國一年向中國出口 1,950 億美元的商品和服務,中國則向美國出口 5,620 億美元的商品和服務。美國對中國因此存在 3,670 億美元的貿易赤字。但這個貿易逆差

數字實際上頗為誤導，因為它並未計入美國企業透過在中國的子公司於當地經營所賺取的收益。

想想這個例子：擁有肯德基、必勝客與塔可鐘（Taco Bell）的美國百勝餐飲集團（Yum! Brands），在中國有超過 14,102 家餐廳，遍布 2,000 個城市，占百勝全球店面數的近 70%。中國人非常喜歡肯德基炸雞——百勝在中國的餐廳中，有 10,000 家是肯德基。百勝一年 70.4 億美元的營收，中國市場貢獻了約 40%。但是在計算美中兩國之間的貿易逆差時，並不會計入百勝在中國的收入。為什麼？因為貿易逆差主要統計的是跨越國境的實體商品；不包括百勝在中國的 10,000 家肯德基餐廳，每年為中國 14 億人口中約三分之一的人，奉上桑德斯上校的美味炸雞。

最後，在結束這個主題前，我們想指出兩個事實：(1) 波士頓顧問公司（BCG）在 2020 年的一份報告中估計，美國企業透過類似百勝這樣的直接銷售模式，在中國每年獲得約 4,100 億美元的營收——這幾乎足以完全抵銷美國對中國的 3,670 億美元貿易赤字。(2) 我們美國人真的很愛 iPhone，而這些手機是在中國組裝的——幹得好啊，夥伴們！我們真心希望，數以億計的中國人繼續喜愛肯德基的美味炸雞，就像我們喜歡 iPhone 一樣！你看，這就是雙贏，兩方都很開心。

# Chapter 14

# 巴菲特談加密貨幣和黃金作為投資標的

Warren Buffett on Cryptocurrencies
and Gold as Investments

# NO. 78

**加密貨幣就像加倍的老鼠藥。**[1]

---

巴菲特還說:

基本上,加密貨幣沒有基本價值,也不會產生任何東西⋯⋯如果我擁有全世界所有的比特幣,而我要靠它賺錢,唯一的辦法是找別人從我這裡買走它⋯⋯它沒有任何內在商業價值,但這無法阻止人們想玩輪盤賭博⋯⋯加密貨幣會有個糟糕的結局。

美元既是一種紙幣,也是電子數位貨幣。只需要按一下按鈕,數位貨幣就會以電子方式遊走世界。你日常使用金融卡或信用卡付款時,就是在使用數位貨幣。

在美國,在20世紀的大部分時間裡,美元是有黃金支持的。美國政府發行美元,大量美元流向海外,而其他國家可以拿美元向美國兌換黃金。最終,美國財政部的黃金儲備開始短缺,美國因此不再容許以美元兌換黃金。現在,唯一支撐美元的是,法律規定美元是可以在美國償還所有債務的法定貨幣。美元之所

以有價值，是因為你可以拿美元在沃爾瑪換得新的割草機，或在速霸陸（Subaru）經銷商那裡換得新車。如果你使用信用卡付款，你就是在使用數位美元。

在國際層面，第二次世界大戰之後，美國企業主導了全球的商務往來，這讓美元成為國際貿易實質上的首要貨幣。沙烏地阿拉伯以美元為石油定價，並期望買家以數位美元付款——這些款項會在聯邦準備銀行的帳戶之間以電子方式移轉。

目前，全球只有薩爾瓦多和中非共和國承認加密貨幣為法定貨幣。在世界上其他國家，你必須將加密貨幣換成當地貨幣，才可以支付飯店帳單、購買機票或繳稅。事實是，如果你擁有加密貨幣並且想花掉它，你必須把它換成美元、歐元或其他貨幣，而這意味著你必須賣出加密貨幣。你無法將加密貨幣存入傳統的銀行並賺取利息。加密貨幣最大的效用在於它的準匿名性——政府監理機關很難查出誰擁有加密貨幣。它被用以促成某些人希望保密的各種交易。加密貨幣沒有內在經濟價值。它僅有的投資價值完全是投機性的——人們在賭加密貨幣以美元計算的價格將上漲或下跌。當人們針對無內在經濟價值的事物進行投機時，價格可能瘋狂上漲，也可能瘋狂下跌——甚至是跌至零。巴菲特不喜歡的，正是這個「零」。

# NO. 79

黃金在非洲或其他地方從地底被挖出來,然後我們把它做成金條或金塊,接著再挖一個洞,建一個金庫,又把它埋起來。接著我們雇人來看守它。如果有人從火星上看著這一切,他們會摸不著頭腦。[2]

---

巴菲特認為,如果你擁有農場或公寓大樓,你可以把它租出去;如果你擁有股票,你就擁有能賺錢的企業的一部分;如果你有 10 萬美元的現金,你可以把它存入銀行並賺取利息。但如果你擁有黃金,它是一種不會產生收入的資產。你唯一能從中賺錢的希望,就是將來有人願意以高於你買入價格的金額,從你手中買走它。而巴菲特始終認為,把投資建立在希望之上,是個非常糟糕的主意。

# Chapter 15

## 巴菲特談使用槓桿／債務的危險

Warren Buffett on the Dangers
of Using Leverage/Debt

# NO. 80

**在這個世界上，你真的不太需要使用槓桿。如果你夠聰明，不用借錢也能賺到很多錢。**[1]

---

槓桿其實只是債務的別稱。利用槓桿（債務）之所以誘人，是因為它可以讓對沖基金經理與投資銀行賺到更多錢。舉個例子，有一檔投資基金獲得投資人投入 2 億美元，投資在股票上；它可以拿這 2 億美元的股票作為擔保品，再向銀行借入 2 億美元，每年付 4% 的利息。如此一來，該基金總共就有 4 億美元可以運用。如果該基金一年下來績效出色，此 4 億美元賺得 20% 的報酬，那麼 8,000 萬美元的投資所得，在扣除 800 萬美元的利息費用之後，基金可以得到 7,200 萬美元的總報酬。利用槓桿的美妙之處在於：投資人的 2 億美元獲得 7,200 萬美元的報酬，報酬率達 36%；而如果沒有利用槓桿，投資人的報酬率就只有 20% 了。目前在美國投資基金管理的 5.5 兆美元中，約有 2.5 兆美元是借來的錢。

但危險之處是：使用槓桿雖然可以在事情順利時大幅提高投資收益，但也可以在事態不利時大幅擴大損失。投資銀行使用的槓桿，遠多於對沖基金。多到

什麼程度？華爾街著名的投資銀行雷曼兄弟倒閉時，其負債權益比高達 28 倍，負債達 6,180 億美元。當槓桿操作順利時，雷曼兄弟管理層以數億美元的獎金犒賞自己；但當情勢逆轉，鉅額槓桿在短短幾日內就讓該公司 220 億美元的股東權益化為烏有，終結了許多人的職業生涯，並迫使這家擁有一百五十八年歷史的公司宣告破產。

巴菲特一直避免在波克夏使用大量槓桿／債務，也避免投資於高負債權益比的公司。結果是，波克夏確實有一些非常容易賺的錢沒賺到，但這也意味著，巴菲特和波克夏的股東們都能睡得更安穩。

# NO. 81

**查理和我可能都見過一些高智商的人──真的是非常聰明的人──被槓桿摧毀了。**[2]

---

巴菲特指的是對沖基金「長期資本管理」（LTCM）的倒閉，它是華爾街著名債券交易員約翰・梅利韋勒（John Meriwether）於 1994 年成立的。當時梅利韋勒找來一批華爾街與學術界的頂尖人才，其中包括數學與經濟學博士，以及多位諾貝爾獎得主。這些聰明人設計出利用大量槓桿／債務投資債券和衍生性金融商品的策略，當運作順利時，可在基金投資人投入的資本上創造豐厚的報酬。

梅利韋勒的團隊利用債券利差賺錢，同時設法控制 LTCM 交易的損失風險。他們會測量非常類似的債券過去出現的利差，例如在 1 月和 3 月到期的兩年期美國公債之間的殖利率差距。如果兩者之間的利差大幅偏離歷史平均水準，LTCM 就會買入其中一支債券，並賣出另一支，押注兩者的利差在未來某個時間點將回到正常水準──這是必然的，因為它們本質上是相同的債券，只是到期日不同而已。

利用這種策略，LTCM 每筆交易的獲利往往只有

1%或更少。看似不多,但1%乘以LTCM操作的1,245億美元資金,相當於獲利12.4億美元。一年賺上幾次12.4億美元,投資人投入LTCM的47億美元就可以獲得驚人的報酬。在LTCM營運的第二年,梅利韋勒為投資人投入的47億美元賺進43%的報酬;第三年則是41%。但槓桿的危險之處在於:LTCM可操作的1,245億美元資金,其中47億美元是基金投資人投入的股本,餘下1,198億美元是向華爾街銀行借來的。LTCM是一家負債權益比高達26倍的公司。

為什麼華爾街銀行會願意借出那麼多錢給一家股本那麼少的公司呢?因為LTCM會將買進的債券拿出來作為擔保品。它買進了1,198億美元的債券,再以這些債券作為擔保,去支持銀行提供的上千億美元貸款。這就是為什麼銀行把如此鉅額借給股本那麼少的LTCM看起來似乎是安全的。

幾年下來,一切順風順水,LTCM真的為它的投資人賺了很多錢。但1998年夏天,短短一個星期之內,俄羅斯政府震驚全球:宣布國債違約、盧布貶值,並停止向外國債權人付款。這引發債券市場恐慌,LTCM押注的利差全都往不利的方向發展,該公司因此嚴重虧損,損失遠遠超過它47億美元的股本。此時借出1,198億美元給LTCM的銀行,希望LTCM拿出更多擔保品或償還貸款,但LTCM兩者都辦不到。LTCM在一夜之間失去了償付能力。此時紐約聯邦準

備銀行介入,並組織多家華爾街銀行接管 LTCM。最終,LTCM的投資人損失了47億美元投資的絕大部分。

就此而言,巴菲特的智慧在於他知道超級聰明的人加上大量槓桿,可能會以災難收場。我們或許還可以補充一點:智力平平的人加上大量的槓桿,也可能走向同樣悲慘的結局。

# NO. 82

**投資沒有百分之百確定的事。因此,使用槓桿是危險的。一連串美妙的數字乘以零,結果永遠是零。不要指望發兩次財。**[3]

---

這是巴菲特引用蒙格的話,蒙格認同在空頭市場中買進擁有長期競爭優勢的公司股票是大有希望成功的,但他也知道沒有百分之百確定的事。這正是為什麼使用槓桿是危險的,而如果你已經很富有,使用槓桿則更是愚不可及。然而,這種悲劇在投資世界中一再上演。

槓桿已經拖垮了金融遊戲裡的一些巨頭,包括雷曼兄弟、貝爾斯登、LTCM,以及 Archegos 資本管理(由比爾・黃〔Bill Hwang〕經營,2021 年因為比爾・黃在少數科技股上的高槓桿押注失誤而倒閉)。如果連華爾街的一些頂尖人才也因為使用槓桿而慘敗收場,想想我們一般人使用槓桿可能遇到的災難性後果吧。

## Chapter 16

# 巴菲特談幸福和有成就的人生

Warren Buffett on Living a Happier
and More Productive Life

# NO. 83

如果你投資在自己身上,沒有人可以奪走你的投資成果。[1]

---

　　巴菲特認為,對多數人而言,在開始投資外匯、大宗商品、股票、債券、ETF等標的之前,最好的投資是先投入在自己的能力或事業上。一個人很容易在市場上損失金錢,也可能失去工作;但你所受的教育、養成的技能,或鍛鍊出來的職業能力則幾乎不可能被奪走。

# NO. 84

**我很早就決定，我想當自己的雇主。**[2]

---

巴菲特一直是個快樂的自雇者。他還在上小學的時候，就開始挨家挨戶賣可口可樂了，每瓶 5 美分。因為很想賺錢，他會騎自行車去賽馬場，尋找被錯誤丟棄的馬票，可能因此撿到一兩塊美金。他甚至製作名為「馬廄男孩精選」（Stable-Boy Selections）的賽馬情報，每份賣 3 美元。11 歲時，他利用他靠賽馬存下來的錢買了第一支股票，以每股 38.25 美元的價格買了三股 Cities Service 優先股。15 歲，他開始派送《華盛頓郵報》，每月賺進超過 175 美元。17 歲時，他買了一台二手彈珠機，放在住家附近的理髮店裡；最後他建立了一個擁有三台彈珠機的彈珠機王國，每週賺得 50 美元。1947 年，巴菲特離家上大學時，已累積了高達 9,800 美元的資產——這在今天似乎不多，但在當年的奧馬哈，這筆錢已經可以買下一棟不錯的中產階級住宅，外加一輛新車了。

# NO. 85

如果你學會更好地溝通——增強自己的寫作或當面溝通能力——你的價值至少會提升 50%。如果你不會溝通，那就像在黑暗中對著女孩眨眼，什麼事都不會發生。[3]

---

巴菲特早年非常害怕公開演講。他說：

我非常害怕……如果必須公開講話，我會吐出來。所以我參加了戴爾·卡內基（Dale Carnegie）訓練公開演講能力的課程——它真的改變了我的人生。

巴菲特將他極為珍視的卡內基結業證書裱框，掛在辦公室的牆上。

完成卡內基的演講課程後，巴菲特到內布拉斯加大學開設夜間課程，藉此鍛鍊自己的演講技巧。他的早期投資人——比爾與卡洛·安格（Drs. Bill and Carol Angle）博士夫婦——就在那堂課上。他們覺得這個年輕人非常了不起，隨即拿出 3 萬美元投資巴菲特的基金。巴菲特於 1960 年代末期結束他的基金之後，安格夫婦又跟隨他投資波克夏海瑟威。到了 2010 年，他們

當年的 3 萬美元，已經成了價值超過 3 億美元的波克夏股票。如果安格夫婦現在仍持有這些波克夏股票，其價值已遠遠超過 10 億美元。

# NO. 86

得到愛的唯一方法，是讓自己成為可愛的人。如果你有很多錢，這是令人惱火的，你或許會覺得可以開一張支票：「我要買一百萬美元的愛。」但這是行不通的。你付出的愛越多，得到的愛也就越多。[4]

---

巴菲特曾說，他有非常慈愛的父親和有些疏離的母親。但他的第一任妻子蘇珊是「愛的女王」，她總是真誠善待朋友和家人。在他們位於奧馬哈的中上階層住宅，幾乎總是歡迎任何前來串門子的鄰居。如果你遇到心情不好的日子，可以到巴菲特家走一走，因為蘇珊總是帶著溫暖的微笑歡迎你。是蘇珊使巴菲特認知到，愛真的會帶來愛。雖然她已不在人世，但巴菲特仍持續散發蘇珊與所有人分享的那種溫暖和善意。

順帶一提，巴菲特至今仍住在他與蘇珊慈愛地養大他們三個孩子的屋子裡。

# No. 87

**如果你和水準不如你的人混在一起，很快你就會開始被拉往那個方向。**[5]

---

巴菲特極力主張，要跟比自己聰明的人往來，並將傑出人士視為榜樣——他們能幫助你向上提升，而不是拉低你的水準。如果你不能和傑出人士為友，巴菲特的建議是：

> 挑出你人生中最敬佩的人，坐下來寫下你欽佩他的理由……最簡單的做法莫過於釐清自己欣賞的是什麼，然後立志成為自己敬佩的人。而你要做到這件事，唯一的辦法是培養出令你敬佩之人的特質。

巴菲特人生中最敬佩的人，包括他擔任股票經紀人的父親霍華德、著名棒球員泰德·威廉斯（Ted Williams），以及被稱為「華爾街院長」的班傑明·葛拉漢。棒球讓巴菲特愛上統計；父親教導他誠實，並引領他認識股票市場；葛拉漢則教會他藉由買進價值被低估的企業賺大錢。自此之後，巴菲特的事業大獲成功。

# NO. 88

**如果你發現與你既有信念相反的證據，請將它寫下來，否則你的心智會屏蔽它。人們非常抗拒新的證據。**[6]

---

　　人的心智是一台有效率的生物電腦，一旦做出決定，就會抗拒改變。這當中的生物學原因，是因為如果我們不斷改變主意，就永遠無法完成任何事情，而這最終將不利於生存。寫下與既有想法相衝突的資訊，可以迫使我們直接處理它，並啟動學習軟體來權衡新舊資訊。巴菲特捨棄葛拉漢的投資模式（以公司帳面淨值一半的價格買進股票），轉為長期投資具某種持久競爭優勢的優秀企業時，就經歷了這種情況。他一開始真的很難適應這種轉變，但每次猶豫時都適時得到蒙格的提醒，最後終於熟習了新的做法。

# No. 89

**我從未見過一個本質良善的人在臨終時沒有朋友。但我倒是見過許多有錢人死時沒有朋友，連家人都不在乎他們。**[7]

---

巴菲特喜歡講湯姆‧墨菲的故事——正如我們之前提到的，墨菲當年是首府傳播公司執行長。墨菲將首府傳播從只有一家電視台，發展成一個媒體帝國，最終併吞了規模更大的美國廣播公司，之後又與規模更龐大的迪士尼合併。巴菲特說，在他與墨菲共事的那些年裡，他從未見過墨菲有任何刻薄的行為，墨菲總是寧願寬厚過頭，而這正是他成功的秘訣之一。巴菲特謹記這一點，並將寬厚視為與他人共事成功的秘訣之一。

# NO. 90

**你想選一個比你優秀的配偶——然後希望對方不要太快發現這一點！**[8]

---

巴菲特接著說：

撇開玩笑話……你希望和那種你想成為的人往來。你會朝那個方向前進，而在這方面，最重要的人就是你的配偶。要與合適的人結婚，這件事的重要性再怎麼強調都不為過。我是認真的。這會改變你的人生。你的志向，還有各種各樣的事，都將因此改變。

並非所有人都能與合適的人結婚。但巴菲特在這方面很幸運。21歲時，他與當地大學教授的19歲可愛女兒蘇珊·湯普森（Susan Thompson）結婚。當時巴菲特還得跟姑媽借車，才能帶蘇珊去度蜜月。他們去了拉斯維加斯，住在著名的弗朗明哥賭場飯店；當時是由來自奧馬哈的巴菲特親友傑基·高根（Jackie Gaughan）經營，他慷慨地免費招待了這對新婚夫婦。巴菲特看到許多衣冠楚楚的人，明知勝算很低，仍愚

蠢地在賭場把錢輸光,便靈機一動對他的年輕新娘說:「我們會發財!」巴菲特經常感謝蘇珊幫助他從1950年代的平頭書呆子,變成了現在的老練金融奇才。

# NO. 91

關於我如何定義成功……如果愛你的人,正是你希望會愛你的人,那你就是成功的……即使你擁有全世界的財富,世上有許多醫院和圖書館以你的名字命名,但如果沒有人關心你,那麼在我看來,你就不是成功的人。[9]

---

巴菲特在奧馬哈有個朋友名為貝拉·艾森伯格(Bella Eisenberg),她是來自波蘭的猶太人,年少時在納粹集中營倖存下來。有一天她告訴巴菲特,她不太容易交朋友,因為每當她遇到一個人,她就會問自己:如果他們再來抓猶太人,這個人會把我藏起來嗎?

在巴菲特與企管碩士(MBA)學生團體交流時,有時會被問到他如何定義成功。他經常以這個關於貝拉的故事回答,最後說:

> 如果你的人生中,有很多人會在必要時把你藏起來,那我會說你是成功的。

# No. 92

**富人為時間投資，窮人為金錢投資。**[10]

---

　　這句話有點像禪宗公案，看似費解，但它其實很簡單。富人擁有金錢能買到的所有物質，但他們沒有、並且也無法用錢買到的是更多的時間。他們因此花大錢買私人飛機，以避免浪費時間在一般航空服務上。他們花錢在昂貴的禮賓醫療服務，以避免浪費時間在候診室等待，並希望能藉此得到更好的醫療照護，可以活久一點。反之，窮人只是想盡辦法累積更多金錢，把錢投資在能帶來更多金錢的事物上，好讓自己有朝一日變得足夠富有——富有到可以開始神經質地把錢花在「買更多時間」這件事情上。

# NO. 93

**在所羅門兄弟,幾乎人人都不滿自己的薪水——即使他們已經拿到非常多的錢。他們的不滿是因為可能得知同事的薪水比自己高,此時他們就會抓狂。**[11]

---

　　所羅門兄弟曾經是華爾街的頂級投資銀行之一。1987 年,巴菲特和蒙格買進價值 7 億美元的所羅門兄弟可轉換優先股,每年可以得到 7% 的利息。1991 年,所羅門兄弟的一名債券交易員為了賺更多錢(即使他的年薪已經是以百萬美元計),不惜違法舞弊,結果被逮到。這幾乎拖垮了所羅門兄弟。巴菲特和蒙格因此介入接管該公司,巴菲特還出任董事長。我們的兩位英雄發現,公司內部充斥著病態的嫉妒文化。人人都知道身邊同事的薪水,一旦發現同事的薪水高於自己就會抓狂,甚至因此承擔不必要的交易風險,或不惜觸犯法律。巴菲特和蒙格認為,嫉妒是七宗罪中最愚蠢的一種,因為嫉妒會使人自我感覺不良,而其他六宗罪——傲慢、貪婪、憤怒、怠惰、暴食、色慾——至少都還可能讓人有一點歡樂。

# No. 94

我注意到,繼承財富的真正好處,是它使人得以更有效地表達恨意。如果你繼承了一大筆財富,而你又對你的兄弟或表兄弟非常生氣,你可以請律師去找他們麻煩;而我們其他人大概只會在感恩節的時候冷落他們而已。[12]

---

繼承財富的問題,在於繼承者不必年復一年地辛勞工作便得到了那些財富。辛勤工作致富的人,不大可能為了解決親人之間的爭執,就揮霍金錢在昂貴的法律訴訟上。財富繼承者喜歡打官司,部分原因在於繼承財富讓他們無法獲得老實工作而生的自我價值感,他們因此總是在尋找方法自我救贖,例如投入訴訟之類的虛假戰鬥;而律師為了賺錢,當然也非常樂於奉陪。此外,繼承大量財富的人通常不介意揮霍金錢,畢竟這些錢是不勞而獲的。相較之下,靠自身努力致富的人通常懂得珍惜金錢,例如會去投資,好讓自己變得更加富有。

# NO. 95

「時間」和「愛」是你買不到的兩樣事物⋯⋯而我這一生非常、非常、非常幸運,能最大限度地掌控自己的時間。查理也一直很珍惜這一點。這就是為什麼我們如此渴望擁有金錢,因為有錢讓我們可以做自己喜歡的事。[13]

---

查理・蒙格這麼說:

一如華倫,我非常渴望致富,不是因為我想要法拉利,而是因為我想要自主。我極度渴望能自主。我覺得必須寄發票給別人是沒有尊嚴的。我不知道這個想法從何而來,但我就是有這種想法。我想變得富有,以便能夠自主,就像約翰・梅納德・凱因斯爵士(Lord John Maynard Keynes)那樣。

凱因斯爵士是極具影響力的英國貴族、哲學家、經濟學家和成功的投資人。生於 1883 年,終於 1946 年。他是公認 20 世紀最重要的經濟學家之一,「凱因斯經濟學」至今仍在影響全球經濟政策。他於 1936 年出版的《就業、利息和貨幣通論》(*The General Theory of Employment, Interest, and Money*),對巴菲特和蒙格都有深遠的影響。

# NO. 96

**寫好自己的訃文，然後努力想辦法實現它。**[14]

---

巴菲特對此非常認真。這是一種智識上的練習，可以促使你運用想像力，為自己設定值得為之奮鬥的人生目標。每一段旅程，都始於一個想像中的目的地。如果你無法想像某件事發生，它很可能就永遠不會發生了。但如果你能想像自己想成就的事，並願意為此不斷努力，各種奇蹟般的事都有可能發生 —— 就連一個送報的書呆子少年，也可以成為全球第六大富豪。

## Chapter 17

# 巴菲特談應該避免的事與未來可能出現的危險

Warren Buffett on Some Things to Avoid and a Few of the Potential Dangers That Might Lay Ahead

# NO. 97

**投機看起來最容易的時候，往往是最危險的。**[1]

---

1969 年，巴菲特意識到股市已經完全脫離現實，股價反映的企業估值高得離譜。當時人人都在賺超容易賺的錢——只需要隨便買進一家公司的股票，然後看著股價上漲就可以了。

此時巴菲特並沒有改變「買進價值遭低估企業」的投資理念，而是賣掉全部持股，結束了他的投資合夥事業，以現金的形式持有他的大部分資產。正如我們之前提過，他的朋友查理．蒙格當時也在經營投資合夥事業，而他選擇繼續投資，享受令人目眩的上漲行情。後來就發生了 1973-74 年的股市崩盤，蒙格虧掉了他的投資人一半的資金。此時巴菲特已經在市場外耐心等待了幾年，他發現自己滿手現金，而忽然間許多公司的股價跌至低得離譜的水準。他說：「我覺得自己就像個性飢渴的人突然在後宮醒來。」

# No. 98

**追逐高收益是非常愚蠢的，但也非常符合人性。**[2]

---

在此巴菲特談的是債券收益率。風險較高的債券提供較高的收益率，以補償投資人承受較高的債券違約風險。如果債券違約，債券持有人就有可能拿不回自己的錢！當債券投資人追求越來越高的收益率，就會承受越來越大的債券違約風險。市場上最安全的五年期債券是美國公債。假設五年期美國公債的利率是5%，但你想要更高的收益，而五年期垃圾債券的利率是10%。因此，你拿10萬美元買五年期公債，每年可以拿到5,000美元的利息，而債券到期時，你100%確定可以拿回本金。但如果你拿10萬美元去買五年期垃圾債券，每年可以拿到10,000美元的利息，但你拿回全部本金的可能性只有60%。你可以選擇買垃圾債券以獲得較高的收益，但為此你必須承擔更高的違約風險——這意味著你可能會損失整筆10萬美元的投資。巴菲特認為，垃圾債券的額外收益，根本不值得你冒著失去全部本金的風險。就像他喜歡說的：

> 投資的第一條規則是不要虧錢。第二條規則是：不要忘了第一條規則。

# NO. 99

金融界的「神職人員」非常渴望教授一些他們知道而你不知道的東西。他們花了很多時間學習這些東西，並且可能需要掌握相當多的數學知識。但這一切與投資成功真的毫無關聯。[3]

---

美國選擇權市場每年的交易量約為 102 億張合約。據估計，有 80% 至 90% 的選擇權合約最終一文不值。即便如此，學術界仍耗費大量精力，嘗試建立數學模型來提高成功機率。目前期限最長的選擇權合約稱為 LEAPS，訂立三年後到期。選擇權對巴菲特來說沒什麼用，因為市場上沒有十年期的選擇權合約可讓他用來控制 4 億股的可口可樂股票，或 9.07 億股的蘋果公司股票。對個人投資人來說，市場上也沒有任何符合成本效益的方法，可以利用選擇權去控制哪怕只是一千股的蘋果股票十年之久。但市面上卻有數百種數學公式，供投資人嘗試提高選擇權合約在到期時不至於一文不值的機率。

# No. 100

我們並不認為在任何特定年份,衍生性商品導致或大幅加劇某種金融風險的可能性會特別高。但我們確實認為危險是存在的⋯⋯我認識一些有大量衍生性商品業務的公司的管理層,而他們並不清楚正在發生的事。[4]

---

衍生性金融商品合約主要有四種:選擇權、商品期貨、利率期貨以及交換。據國際清算銀行估計,全球衍生性商品市場的名義值或面值高達632兆美元,約為全球經濟年產出(約105兆美元)的六倍。美國銀行業者的衍生性商品曝險有多大呢?2023年,美國銀行業者持有的衍生性商品合約總名義值為221.9兆美元——大於全球股票市場109兆美元的總市值,也大於全球債券市場133兆美元的總價值。如果你是銀行業者,以下是最好的部分:632兆美元的全球衍生性商品市場複雜得令人頭痛,在某些地方可能未得到有效監管,這意味著銀行的交易員往往能主導一切。光是在美國,商業銀行2022年的交易收入就達到420億美元,其中大部分來自衍生性商品交易。因為衍生性商品的合約非常複雜,巴菲特認為政府、學術界乃至銀行本身,都少有人完全清楚當中潛在的危險。巴菲特因此將複雜的衍生性商品合約稱為潛在的「金融大規模毀滅性武器。」

# NO. 101

**這個世界每天都在擲硬幣,看那些真的可以摧毀地球的人會不會這樣做。**[5]

---

　　這裡巴菲特指的是核武摧毀地球的危險。由於人類求生的本能以及核武國家相互保證毀滅之威儡,他認為這種事情發生的可能性極低。但仍存在一個微小卻真實的可能性——最終某些事情出錯,導致某人或某國動用核武攻擊其他國家;或是某個恐怖組織取得核彈並決定使用。此外,即使機率不高,意外還是有可能發生。世界上有越多國家擁有核武,核武被使用的可能性就越高。問題不在於這是否會發生,而是在擲了夠多次硬幣之後,它終究要發生。我們所有人都應該為此深感恐懼。

Chapter 18

# 巴菲特談投資於科技公司

Warren Buffett on Investing in
Technology Companies

# NO. 102

在波克夏,我們不會試圖從大量尚未證明自身實力的企業中挑出少數贏家。我們沒有聰明到可以做這件事,而我們很清楚這一點。[1]

---

你還記得 1990 年代末的網路泡沫嗎?當時網際網路熱潮席捲全球,任何一家網路公司都會成為市場的新寵兒,但是,嗯,當年巴菲特沒有買過任何一支網路股。在被問到原因時,他講了一個汽車業的故事:在汽車業最早的二十年裡,美國有超過 1,900 家不同的汽車製造商,但如今只剩下三家。他接著說,他不夠聰明,無法從當年那數千家新湧現的網路公司之中,挑出最終將存活下來的少數贏家。十八年後,巴菲特檢視市場上的贏家,並選擇投資蘋果公司。而到了 2024 年初,他在蘋果的投資賺進約 1,458 億美元。能夠耐心等待的人真的會得到好東西。

# NO. 103

**蘋果的生意好過我們投資的所有其他事業⋯⋯人們花 1,000 美元買一支 iPhone，花 35,000 美元買第二部車——但如果必須擇一放棄，他們會放棄第二部車。**[2]

---

巴菲特認為蘋果是一家非常成功的全球企業，有多項產品在消費者心中占有一席之地。而蘋果事業的優越經濟條件則讓巴菲特更愛這家公司了。

2012 年至 2016 年間，蘋果每股盈餘從 1.59 美元增至 2.08 美元，年複合成長率約為 5%。在每股盈餘 2.08 美元的情況下，以平均每股 34 美元的價格買進蘋果股票，巴菲特可說是買了「蘋果股權債券」，初始報酬率為 6.1%（2.08÷34 ＝ 6.1%），每年成長 5%。此外，蘋果持有 1,430 億美元的淨現金，並積極回購股票。龐大的現金部位告訴巴菲特，蘋果非常成功，有充足資金支持新產品開發，而且不需要任何債務融資。積極回購股票則意味著蘋果將年復一年地提高波克夏在該公司的持股比例，而巴菲特不必再額外投入資金。對巴菲特來說，這些因素加總起來，表示每股 34 美元、或 16 倍的本益比，是蘋果非常好的一個買點。最終他買了 9.07 億股蘋果股票。到了 2024 年，他覺得蘋果股價已升至過高的水準，因此開始賣出。

# NO. 104

**我在是否投資 Google 上做了錯誤的決定……他們在做的事對我而言並非謎團。真正的疑問是，未來會出現多少競爭對手，他們會有多強，以及是否會演變成四、五家公司彼此廝殺，最後盈利不如一家獨大的局面。**[3]

---

在 Google 上市之前，巴菲特就已經很了解它了。當年波克夏旗下的蓋可公司，花了不少錢在 Google 的網路搜尋引擎推廣自家網頁。此外，Google 創辦人佩吉（Larry Page）與布林（Sergey Brin），也曾至奧馬哈拜訪巴菲特，跟他談到 Google 股票上市的事。巴菲特之所以沒有投資 Google，是因為他不確定 Google 接下來將面對怎樣的競爭。別忘了，當年有多個搜尋引擎在競逐消費者的青睞，包括 AltaVista、Yahoo、MSN 和 Google。巴菲特不知道誰將贏得這場競賽，也不認為自己能識別贏家，所以決定不投資。

最終 Google 成為最大贏家，如今在桌上型電腦搜尋市場的占有率達 92%，在行動搜尋市場的占有率則有 83%。它是全球網路搜尋市場無可置疑的領導者。而 Google 的母公司 Alphabet 還擁有 YouTube，美國有

62%的網路使用者每天都會使用YouTube。Alphabet的股東權益報酬率達25%，而且一直在回購股票；這兩點都會吸引巴菲特。Alphabet持有1,550億美元的現金和短期投資，負債僅為其現金部位的17%——這也是巴菲特會滿意的。此外，極其重要的是，它是全球最強大、最積極的人工智慧（AI）開發商之一。如果AI是接下來會賺大錢的產業，Alphabet將是這一行的大玩家。由此看來，Alphabet顯然在多個市場都具有持久的競爭優勢。我們認為，對巴菲特而言，唯一的問題就是股價。Alphabet的本益比約為26倍，如果降到16倍左右，我們將很可能看到Alphabet出現在波克夏的投資組合裡。對巴菲特來說，投資永遠是兩個步驟的過程：

1 找到合適的公司
2 以合適的價格買進

Alphabet無疑是合適的公司，現在只是價格的問題。

# NO. 105

我們對風能或太陽能有極大的興趣……如果明天有人帶著一個太陽能計畫上門,不論是需要投資 10 億美元或 30 億美元,我們都已經準備好了……這種投資越多越好。我們正在把愛荷華州變成世界風力發電之都,成為風能的沙烏地阿拉伯。[4]

---

波克夏海瑟威能源公司(BHE)在愛荷華州有 3,400 台風力渦輪機,為 230 萬戶家庭提供清潔可再生能源;而在內華達州,BHE 產生的太陽能足以為超過 100 萬戶家庭提供電力。全美住宅每月平均電費為 133.21 美元,而 BHE 用戶的每月平均電費低了 17.04%,只需 110.52 美元。BHE 一年的營運收入約為 260 億美元,稅前利潤 31 億美元。BHE 的再生能源投資之所以成功,政府的稅額抵減是一大原因。光是過去三年裡,BHE 就獲得了近 60 億美元的所得稅淨抵減,使它過去三年的稅項淨支出降至零。對巴菲特而言,沒有什麼生意能像再生能源事業這樣!

# NO. 106

人工智慧中沒有任何東西可以取代基因……人工智慧能改變世上的一切，除了人類的思考和行為模式……我認為它非同凡響，但我不確定它是否有益。[5]

---

哎呀，科學界上次釋放出的瓶中精靈是核能。而人類在這方面的巨大成就，是製造出足以摧毀世界一百次的核彈。這就是人類及其傑出的發明。人工智慧會不一樣嗎？OpenAI 的創辦人之一伊隆・馬斯克，被人工智慧的潛在危險嚇得半死，因此努力遊說政府加強管制。在核能技術方面，政府管制的結果是出現大量核彈。最可能的情況是，人工智慧軍事化，我們將面對 AI 軍備競賽。AI 將成為未來戰爭的核心。愛因斯坦曾說：「只要有掌握強大力量的主權國家，戰爭就是無可避免的。」人類的天性就是如此，即使是 AI 也無法改變。

不同於核能，人工智慧的奇特之處在於，AI 技術並非由政府科學家主導，而是由私人企業推動。其中最大的玩家是 Alphabet（Google 的母公司）和微軟（與 OpenAI 有關聯）。這意味著，它們很可能將是迫在眉睫的人工智慧革命中，最大的兩個經濟贏家。

## Chapter 19

# 巴菲特談波克夏海瑟威的商業動態和未來

Warren Buffett on Berkshire Hathaway's
Business Dynamics and Future

# NO. 107

**假以時日，波克夏最終應該能證明自己的價值……它值得以目前的型態延續下去。它有很多特質，是在一個實體之內才能產生最大的好處，而這點是人們並未充分認識到的。**[1]

---

嚴格來說，波克夏是一家綜合控股公司，但巴菲特打造的實際上是一家資本雄厚的大型保險公司，旗下有70家分布於美國及海外的保險子公司，資產包括略多於2,500億美元的現金和美國短期公債、3,530億美元的股票，以及65家全資擁有的非保險企業，這些業務每年創造數十億美元的收益。波克夏的保險業務，在任何一年，都可能因為遇到嚴重的災難而承受巨大損失（例如五級颶風吹襲佛羅里達州）；但即使如此，波克夏還是能維持盈利。因為它全資擁有的其他事業，可以帶給集團大量盈利。波克夏也經由它的再保險業務，為世界各地的其他保險公司提供保障。2007年，波克夏旗下的國民保險公司為倫敦勞合社（Lloyd's of London）提供72億美元的再保險；2017年，波克夏經由國民保險公司為美國國際集團（AIG）200億美元的長尾責任（long-tail liabilities）提供再保險。

相較之下，大多數的其他保險公司大量投資於固定收益債券和優先股，而這些資產的實質價值可能因為通貨膨脹而受損。另一方面，因為波克夏投資的許多優秀企業具有持久的競爭優勢，有自主定價空間，而且沒有很大的資本需求，這些事業的實質價值反而會隨著通貨膨脹而增加。波克夏資本雄厚的程度和非保險事業的數量，在全球保險公司中是獨一無二的，它因此享有其他保險公司缺乏的長期競爭優勢。更直接地說，巴菲特已經把波克夏打造為一座資本堡壘，其財力足以使它在抵禦毀滅性的災禍之後，仍能全身而退、毫髮無傷。

# No. 108

**波克夏收購那些有優秀經理人管理的企業。這些人長期表現良好，往往已經有數十年的出色績效。我們看到了他們的績效紀錄，他們跟隨被收購的企業成為我們的一份子。現在，我們的工作不是挑選優秀的經理人，因為他們真的已經創造了良好的績效紀錄。我們的工作是留住他們。**[2]

---

　　巴菲特總是說，如果標的企業沒有優秀的管理層，他就不想收購，因為他無法去為標的企業找來優秀的經理人——這種人才太難找了。巴菲特經常開出鉅額支票，向那些在管理業務的企業主收購他們的公司。那麼，這些因為出售公司而成為富翁的人，為什麼還要繼續工作呢？因為他們的自我價值和幸福感，與經營「他們的」事業息息相關。這是他們把公司賣給巴菲特，而不是賣給同業或私募股權公司的原因之一。他們把公司賣給巴菲特，拿到鉅額支票，然後巴菲特會讓他們繼續經營「他們的」事業，彷彿什麼都沒有改變。內布拉斯加家具賣場的 B 太太，就是把公司賣給波克夏之後仍繼續工作的人之一，她一直工作到 103 歲。巴菲特每隔一年就會請旗下事業的經理人

寄信給他，告訴他如果他們明天死在辦公室，應該由誰來管理公司。除此之外，那些經理人將繼續管理他們的寶貝，直到世界末日或他們死去的那天。

# NO. 109

**真正重要的是，只有在價格合適時才回購股票。而價格合適是指回購完成之後的那一刻，留下來的股東的持股，比回購發生之前更值錢。**[3]

---

如果巴菲特認為，波克夏動用一些現金買回自家股票可以讓留下來的股東的持股變得更有價值，他就會安排股票回購。舉例而言，如果某家公司有四名持股比例相同的股東，公司的帳面淨值和內在價值都是 400 萬美元，那麼每名股東的持股就是價值 100 萬美元。現在如果公司以 100 萬美元買回其中一名股東的持股，公司將剩下三名股東，而公司帳面淨值和內在價值都變成了 300 萬美元，留下來的每名股東的持股還是價值 100 萬美元。以這個價格買回股票，並沒有讓留下來的三名股東的持股變得更有價值。

但如果公司以 130 萬美元買回一名股東的所有持股，公司將剩下三名股東，帳面淨值和內在價值都變成 270 萬美元。留下來的股東，每人持股的價值將減少 10 萬美元。在這種情況下，比帳面價值高出 30 萬美元的回購，反而損害了其他股東的價值。

反之，如果公司以 70 萬美元買回一名股東的所有持股，公司將剩下三名股東，帳面淨值和內在價值都變成 330 萬美元。留下來的股東，每人持股的價值將增加 10 萬美元。這種比帳面價值低 30 萬美元的回購，就為其他股東創造了價值。

早在 1965 年，在巴菲特的投資合夥事業首次取得波克夏的控股權益時，波克夏的流通在外股數為 1,137,778 股，而巴菲特的合夥事業持有公司 54% 的股份。在接下來三年裡，巴菲特藉由波克夏的股票回購和在公開市場買進，大幅提高他的合夥事業在波克夏的持股比例。到 1967 年底，波克夏的流通在外股數減至 985,482 股，而巴菲特合夥事業的持股比例提高到 69%。

關於波克夏近年的股票回購，巴菲特認為波克夏的內在價值顯著高於其帳面淨值，因此只要能以低於內在價值的價格買進，他也願意以高於帳面淨值的價格回購股票。2018 年，巴菲特以每股帳面淨值 146% 的價格買回波克夏的股票，為每股 A 類股付出 31 萬美元。2019 年，他以每股帳面淨值 127% 的價格買回波克夏的股票，為每股 A 類股付出 33.3 萬美元。2020 年，他以每股帳面淨值 119% 的價格買回波克夏的股票，為每股 A 類股付出 46.8 萬美元。2021 年，他以每股帳面淨值 128% 的價格買回波克夏的股票，為每股

A 類股付出 43.9 萬美元。2022 年，他以每股帳面淨值 144% 的價格買回波克夏的股票，為每股 A 類股付出 46.8 萬美元。（公司的每股帳面淨值，等於資產負債表上的股東權益價值除以流通在外股數。）巴菲特每一次的回購，都讓留下來股東的持股變得更有價值。

# No. 110

**波克夏有一個巨大優勢⋯⋯那就是我們有一個系統，可以在不產生稅務後果的情況下配置資本。**[4]

---

喜思糖果賺的錢遠超過其營運所需，因此巴菲特利用喜思的剩餘現金，幫助波克夏收購 BNSF 鐵路。他也利用喜思的剩餘現金，買進蘋果公司的股票。波克夏將喜思的剩餘現金用於其他地方時，不會導致波克夏或喜思必須支付任何形式的轉讓稅。波克夏可以對它全資擁有的所有公司做這樣的事。它可以在它擁有的不同公司之間免稅配置資本，甚至可以免稅利用這些公司的現金去收購其他公司。波克夏的這項稅務優勢特別強大，是因為它擁有數十項利基型事業，它們難以進一步成長，巴菲特因此可以利用它們的剩餘現金去收購其他企業。多數公司會將剩餘現金用於擴大既有業務或收購競爭對手，從未想過利用剩餘現金去收購完全不同但更好的企業。

巴菲特最早是在波克夏本身做這件事。1967年，波克夏是一家陷入困境的公司，從事正逐漸衰亡的紡織業。巴菲特沒有將波克夏的剩餘現金再投資於紡織事業，而是用它收購了國民保險公司。後來，巴菲特

從國民保險公司取得現金，收購了內布拉斯加家具賣場；又從這家公司取得現金，收購了寶霞珠寶；再從寶霞取得現金，收購冰品店 Dairy Queen；再從 Dairy Queen 取得現金，收購磚材公司 Acme Brick；再從該公司取得現金，幫助他收購了地毯公司 Shaw Industries。這個過程不斷重複，如今波克夏擁有 67 家不同的公司，合計有 260 家不同的子公司。

其他公司的執行長不會拿公司的保留盈餘去投資完全不同的事業，主要因為他們傾向留在他們一直以來賺錢的行業。石油公司的執行長會想收購另一家石油公司，他不會想買油漆公司；但巴菲特就收購了班傑明摩爾（Benjamin Moore）這家油漆公司。

磚材公司就是磚材公司，糖果廠商就是糖果廠商，地毯廠商就是地毯廠商，三者絕不會混在一起──除非它們都被巴菲特收購了。而巴菲特的秘訣是，在波克夏收購了這些公司之後，它們仍是獨立運作的公司，其經理人也不會有工作變動。從許多方面來看，就彷彿波克夏不曾收購它們一樣；只是巴菲特會集合它們的剩餘現金，拿去收購另一家公司，再一家，又再一家……巴菲特就是這樣將波克夏壯大為今日的企業巨擘。

# No. 111

我們國家未來的繁榮，有賴一個高效率且維護良好的鐵路系統。反過來說，美國必須成長和繁榮，鐵路公司才會有好的績效。波克夏投資 340 億美元於 BNSF 鐵路，是對該公司和鐵路業的鉅額押注。最重要的是，這是全力押注在美國的經濟前景上。[5]

---

2009 年，巴菲特做了波克夏歷來最大的一筆收購，以 340 億美元買下整家 BNSF 鐵路公司。為什麼是在那個時候收購？而不是更早？過去一百多年來，鐵路業一直是競爭激烈、資本密集的行業，並不是很賺錢。這些特質都是巴菲特和蒙格不會有興趣的。

但隨著時間推移，鐵路業的情況開始改變。經由產業整合（鐵路公司相互併購），到 2009 年時，美國出現了五家主要鐵路公司，控制了 80% 的美國鐵路貨運市場。雖然沒有一家鐵路公司壟斷整個美國市場，但區域利基發展創造出類似壟斷的局面。BNSF 主導了美國西北部鐵路市場，並因此變得非常賺錢。

以營收衡量，BNSF 是美國最大的鐵路公司（2023 年收入達 238 億美元）；以所控制的路線里程衡量，

BNSF 也是美國第一（32,500 哩）。BNSF 使用一加侖的柴油，可以運送一噸貨物 470 哩。典型的 BNSF 貨運列車可以取代道路上約 280 輛卡車。每運送一噸貨物一哩遠，鐵路運輸排放的危險廢氣遠少於卡車。雖然鐵路運輸仍是資本密集型事業，但 BNSF 非常賺錢，而且至少未來一百年都將非常賺錢。這是吸引巴菲特和蒙格，促使他們決定投資的因素。

# No. 112

**我們以 2,500 萬美元收購喜思糖果,而它已經帶給我們超過 20 億美元的稅前利潤,這些錢我們用來收購其他企業。如果我們試圖將喜思所有的保留盈餘用在糖果業務上,我想我們會失敗。**[6]

---

巴菲特和蒙格早期學到的一個商業教訓是,有些企業在小型區域利基市場運作良好,但很難擴展業務到利基市場之外;喜思糖果就是這樣的公司。它的業務主要集中在美國西岸,70% 的門市在加州。雖然在加州以外的若干大城市也有分店,但喜思從未成功在全美展店。巴菲特和蒙格最終意識到,與其持續花錢打水漂,不如利用喜思的保留盈餘來收購其他企業。奇怪的是,他們收購的許多企業也都是利基型企業,雖然非常賺錢,但再投資機會很少。內布拉斯加家具賣場和寶霞珠寶之類的利基型企業,最初都只有一個店面,但它們帶給波克夏鉅額利潤,而這些利潤可用來投資於其他事業。這些利基型企業有趣的一點是,雖然它們在自己的家鄉或主要市場具有持久的競爭優勢,但因成長潛力有限,沒有人想收購它們;因此相對於有成長潛力的企業,收購它們的價格便宜得多。

值得一提的是，內布拉斯加家具賣場最終確實從奧馬哈擴展到其他幾個城市，但這也是在波克夏累積了大量閒置資金，需要尋找出路的情況下才發生的。

# NO. 113

**波克夏確實曾在 1967 年發過一次股息，每股 0.10 美元。這是個可怕的錯誤。當時我去了一趟洗手間，其他董事就在我不在場的時候投票通過了。[7]**

---

　　巴菲特為股東創造價值的金融工程手段之一，就是不發股息。自 1967 年以來，波克夏再也沒有發過一次股息。發股息會讓公司的現金減少，這在某些公司可能是正確的做法，因為這些公司所賺的錢超過擴展業務所需，並且管理層不擅長為股東的資金尋找其他用途。但巴菲特並非如此。他擅長為波克夏的保留盈餘找到可以為股東創造更多價值的其他用途，可能是百分之百收購其他企業、投資上市公司的股票，或是為有需要的企業提供融資。藉由從不支付股息、保留 100% 的盈餘作投資之用，波克夏已經使股東權益增加了超過 6,000 億美元，其 A 類股的市價也從 1967 年的每股 20 美元，上漲到 2024 年的每股 715,000 美元。

# NO. 114

**決定是否發放股息的標準，就是你每保留 1 美元的盈餘，是否能持續創造出超過 1 美元的股票市值。**[8]

---

巴菲特的股息發放標準不難檢驗：你可以在波克夏的財務報表中找到「合併資產負債表」，在那裡找到「股東權益」，裡面會有「保留盈餘」這一項。這是波克夏自成立以來，保留在公司的稅後盈餘總額。在 2024 年初，波克夏的保留盈餘總額為 6,500 億美元。

然後你要計算波克夏的股票市值，算法是將該公司的流通在外股數乘以股票的當前市價。波克夏有兩類股票：567,775 股 A 類股，總市值為 4,059 億美元；1,310,561,508 股 B 類股，總市值為 6,225 億美元。該公司股票總市值因此為 1.02 兆美元（4,059 億美元＋6,225 億美元＝ 1.02 兆美元）。波克夏的市值每天都會隨著 A 類股和 B 類股的市價變化而有所波動。

波克夏 6,500 億美元的保留盈餘，為其股票創造了 1.02 兆美元的市值。這意味著波克夏每保留 1 美元，就創造出 1.56 美元的股票市值。巴菲特表示，根據他的股息發放標準，如果波克夏的股票市值跌至低於公

司的保留盈餘,波克夏就應該開始考慮發放股息。正如巴菲特所言:

> 如果到了某個時候,我們認為無法有效運用資金,為保留的 1 美元盈餘創造出超過 1 美元的市值,那麼就應該發放股息。

# NO. 115

我堅持花很多時間坐下來思考,幾乎每天都這麼做。這在美國企業界非常罕見。我喜歡閱讀和思考。我比企業界多數人花更多的時間閱讀和思考,比較少做衝動的決定。我之所以這麼做,是因為我喜歡這種生活。[9]

---

巴菲特逾六十年的夥伴查理・蒙格,曾形容巴菲特的生活幾乎是修道式的。如前所述,巴菲特已經在同一棟中上階層住宅裡住了六十五年。過去五十年間,他每天開車 1.8 哩前往同一間辦公室。他年復一年光顧同樣的幾間餐廳,點同樣的食物。他並未擁有任何豪宅或名車。他的孩子還小的時候,他在加州有一棟海濱別墅,但孩子長大之後就賣掉了。他的確有一架私人飛機載他到處出行。但他會自己開車去機場。如果你在巴菲特比較年輕時前往奧馬哈探望他,他很可能會親自去機場接你。他每天只喜歡做兩件事:大量閱讀(每日大約五百頁),以及收購企業——大量的企業。當找到合適的公司時,他有超過 2,500 億美元的現金可以用來投資。

嗯,我們差點忘了,巴菲特還喜歡玩線上橋牌,同時也是內布拉斯加美式足球隊的忠實球迷,從未錯過任何一場比賽。

# No. 116

**沒有我的波克夏和有我的波克夏是一樣的,我沒有為公司增加很多價值。**[10]

---

　　巴菲特這麼說,是謙虛地低估自己。對於他一手組建的七十家公司而言,他既是指引方向的明燈,也是凝聚力的核心。但話說回來,他的說法也大有道理。過去五十九年來,他為波克夏收購的公司都是優秀的企業,具有某種持久的競爭優勢,營運績效因此遠優於平均水準。此外,巴菲特以分權的方式經營波克夏,創造出七十家非常獨立、各有自身業務的公司,由七十名非常能幹的執行長管理,其中有些甚至多年來沒有和巴菲特說過話——由此可見巴菲特非常信任他們。波克夏雖然擁有這些公司,但它們沒有一家仰賴巴菲特來維持其經濟引擎高速運轉。因此,如果你在巴菲特去世時持有波克夏的股票(預計是在巴菲特過完百歲生日之後許多年),我們建議你繼續持有並享受當波克夏股東的過程!

# NO. 117

**在我離開之後,波克夏的資本配置應該由葛瑞格負責。他非常了解企業,而如果你了解企業,你就懂得如何投資普通股。**[11]

---

葛瑞格‧阿貝爾(Greg Abel)是巴菲特親自挑選的繼承人,將在巴菲特不再掌管波克夏之後接手公司。(我們預計巴菲特將繼續掌管波克夏到他一百多歲。)

阿貝爾是優秀的經理人,自 2008 年起一直擔任波克夏能源事業的執行長,並自 2018 年 1 月起擔任波克夏非保險事業的副主席。阿貝爾的管理能力毋庸置疑。但是,一直有波克夏的股東擔心巴菲特退休之後,誰將負責波克夏的投資決策。巴菲特在此明確表示,他選擇由阿貝爾接替他負責這些投資決策。如果阿貝爾能遵循巴菲特的投資原則 —— 正如本書所闡述的 —— 波克夏的股東還將迎來許多值得期待的好光景。

# No. 118

**我們有足夠的資金買回價值 1,000 億美元的波克夏股票。如果波克夏的股票相對於其內在價值變得便宜,我們將毫不猶豫地花掉那 1,000 億美元。**[12]

---

波克夏在 2024 年第三季末,持有略多於 2,500 億美元的現金、約當現金和短期美國公債。波克夏在 2022 年表示,如果其備用現金少於 300 億美元,它將不會買回自家股票。波克夏需要那 300 億美元的備用現金,以便即使遇到最困難的時期,也可以自在地維持眾多業務的運作。這意味著如果波克夏的股價跌至低於公司每股內在價值,它可以輕鬆動用 1,000 億美元或更多資金買回股票。根據波克夏過去的股票回購紀錄,我們可以說,該公司每股內在價值比巴菲特為波克夏買回股票所支付的最高價(相當於每股帳面淨值的 146%)還高出 20% 至 30%。

我們認為,波克夏持有超過 2,500 億美元的現金和準現金資產的原因之一,是巴菲特在為他去世後可能發生的一筆波克夏絕佳交易做準備。待巴菲特離開人世,前往天上的股市,而我們只能透過通靈板與他「對話」時 —— 波克夏的股價很可能將重挫。如果波

克夏的股價跌至低於其內在價值的水準,波克夏的新執行長將執行巴菲特生前的囑咐,啟動極大規模的股票回購,可能買回 30% 或更多的波克夏股票。這將使那些堅守信念留下來的股東變得更加富有。

Chapter 20

# 巴菲特談如何在商業上與他人成功合作

Warren Buffett on Successfully
Working with Other People in Business

# NO. 119

**我喜歡得到他人的信任，我寧願和夥伴一起做我要做的事，而不是一個人坐在房間裡——即使那樣我或許可以賺更多錢。**[1]

---

　　巴菲特的事業始於接受委託，用別人的錢投資，並從利潤中抽成。巴菲特開始他的投資合夥事業之後不久，做了一件前所未聞的事：只有在合夥事業的投資收益，高於投資人將錢存入儲蓄帳戶可以得到的收益（當時為每年4%）時，他才會收取費用。他的投資合夥事業從1956年經營到1969年，期間沒有一年是虧損的。它的年化複合報酬率在扣除費用前為29.5%，扣除費用後為24.5%。他的許多早期合夥人成了他的朋友，後來成為波克夏的股東。現在波克夏有超過300萬名個人股東，巴菲特稱他們為「股東夥伴」。過去五十三年來，在每年的波克夏股東會上，巴菲特總是花大量時間回答股東夥伴的各種問題，有一年甚至花了六個小時。在巴菲特心目中，無論波克夏變得多大，它還是一項合夥事業，而他始終是股東夥伴非常信任的執行合夥人。

# NO. 120

**讚美時指名道姓，批評時概括而言。**[2]

---

人們總是覺得讚美的言語最為動聽。你讚美一個人，對方會立即對你有好感。這是交朋友最容易的方法之一。另一方面，沒有人喜歡被批評。批評很容易讓你與人終生結怨。

巴菲特必須管理波克夏旗下事業數十名執行長，「讚美時指名道姓，批評時概括而言」幾乎已成為他信守的原則之一。他會毫不猶豫地點名稱讚，但若必須批評，他不指名道姓，只會概括而言。例如，他曾多次在波克夏股東會上，對兩萬名股東明確表示，摩根大通董事長暨執行長傑米‧戴蒙（Jamie Dimon）非常優秀，是銀行業最傑出的人之一。但在談到2008年金融危機期間的華爾街投資銀行時，他避免提到任何人的名字，僅指出銀行業者愚蠢地承擔了過高風險，做了蠢事，最終拖垮了自己的銀行。

# NO. 121

**你總是可以等到明天才叫某人去死。**[3]

---

這其實是當年掌管首府傳播的湯姆・墨菲帶給巴菲特的管理智慧。你對與你共事的某人非常氣憤,忍不住叫他去死,那你立刻就得和一個很抓狂的人一起工作,而且對方可能會記恨很久很久。這樣的工作環境不可能愉快。同樣的情況,也可能發生在電子郵件和訊息往來:你一時控制不住情緒,不經意說出相當失禮、第二天早上你很可能會後悔的話;但你已經無法回到過去刪掉它了。這讓人想起巴菲特在他三個孩子的成長過程中,曾與孩子們分享的父親智慧:

避開麻煩,比擺脫麻煩容易許多。

# No. 122

**如果有品格低下的人為你工作，那你會希望他既笨且懶。**[4]

---

因為如果為你工作的人聰明、積極、勤奮、有創意卻品格低下，那前四項特質最終將導致你損失慘重。這則商界智慧是北美最大營建公司之一，基威特（Kiewit Corporation）的董事長小彼得・基威特（Peter Kiewit Jr.），在巴菲特職業生涯早期給他的提醒。自1962年起，巴菲特就向基威特承租奧馬哈的辦公室作為波克夏總部。基威特是奧馬哈商界許多人──包括巴菲特在內──的指路明燈。

# NO. 123

**你需要了解人是如何操縱他人的,同時也要避免自己陷入操縱他人的誘惑。**[5]

---

我們不會在本書中告訴你如何操縱他人。但我們可以告訴你,巴菲特和蒙格曾讀過的一本相關書籍是《影響力》(*Influence*)。該書作者羅伯特・席爾迪尼博士(Robert B. Cialdini)終其一生都在研究說服技巧並撰寫相關著作。你應該看這本書,並學會判斷是否有人嘗試利用說服技巧來操縱你。不過,請聽從巴菲特的建議,盡可能避免自己使用這些技巧。如果你被認定為不可信任的操縱者,你的人生不會有太大成就。

# No. 124

**如果你每天要花八小時工作，最重要的不是賺多少錢，而是你在這八小時中的感受——包括在工作上互動的人讓你感覺如何，以及你做的事情對你而言是否有趣。**[6]

---

仔細想想，一般人每週清醒的時間大約120小時，如果其中有40小時在工作，那等於我們成年後有三分之一的清醒時間是在工作中度過。如果我們不喜歡一起共事的人，即使賺了很多錢，也會很快感到生活痛苦不堪。

巴菲特一直建議年輕人，選擇自己有興趣的工作，並且為自己尊敬和喜歡的人工作。如此一來，你會對每天起床上班感到興奮，樂在其中，覺得有趣。這是邁向幸福美滿生活的第一步。但是，難道不用考慮錢的問題嗎？

一個人如果熱愛自己的工作，便很可能崛起成為業界翹楚。當年巴菲特在華爾街為葛拉漢工作時幾乎沒賺到什麼錢，但他熱愛自己的工作。傑夫·貝佐斯（Jeff Bezos）在他的車庫裡創辦了亞馬遜並開始賣書，

每週工作 60 小時，經常睡在辦公桌上，但他熱愛在建立全新事物的過程中，解決問題並發揮創造力。J.K. 羅琳（J. K. Rowling）在構思《哈利波特：神秘的魔法石》時，還是個靠救濟金生活的單親媽媽。如果你從事自己熱愛的工作，錢自然會來。就算沒有，那又如何？反正你享受你的工作和生活——又有多少人可以這麼說呢？

# No. 125

成功人士與真正成功人士的差別,在於真正成功的人幾乎對所有事情說「不」。你必須掌控自己的時間,而如果你不懂得說「不」,你就做不到。你不能讓別人安排你的生活日程。[7]

---

在任何一行成功都會遇到需索,而這些需索往往要求你付出時間。人們會邀請你加入慈善委員會、參與政治、進入監督委員會、發表演說,而這一切都會占用你的時間,讓你無法全心從事使你成功的工作、專業、活動。對巴菲特這種熱情投入自身事業的人來說,時間永遠不夠用。對感到無聊的人來說,時間則永遠用不完。真正成功的人永遠不會有足夠的時間,即使他們已經學會說「不」。

有趣的是,蘋果的史蒂夫・賈伯斯對說「不」也有非常相似的看法。他說:

> 人們以為專注意味著對你必須專注的事物說「是」。但事實完全不是如此。專注意味著,對可以選擇的另外一百個好點子說「不」。你必須審慎挑選。事實上,我對我們沒做的事和我們已經完成的事同樣自豪。創新就是對上千件事情說「不」。

# NO. 126

**我認為企業文化必須由上而下建立,必須始終如一,必須成為書面溝通的一部分,必須付諸實踐,必須獎勵遵循者並懲處違反者。並且,企業文化要真正穩固,需要很長很長的時間。**[8]

---

波克夏的企業文化究竟是什麼?其核心理念是對「權力下放」的高度承諾。波克夏全資擁有的營運公司擁有極大的自主權,這些公司的執行長對所負責的業務享有幾乎不受限制的控制權。

這種做法源於巴菲特的信念 —— 信任能激發人們最大的潛能。巴菲特視子公司執行長為管理者而非下屬,這有助激發他們的企業家精神。因為最高層不介入,波克夏的眾多經理人能自由調整銷售和生產目標,直接回應市場。

波克夏企業文化的另一個重點,就是堅持行為必須符合道德。巴菲特說過這句名言:

> 讓公司損失金錢我可以體諒;但讓公司名聲受損,我會毫不留情。

這種精神滲透到波克夏及其眾多企業的每一個層面，影響公司與顧客、夥伴和股東的互動。波克夏的經理人重視公平對待客戶，建立基於互信和透明的持久關係。這套道德準則不但有助避免公司聲譽受損，還可以提高客戶滿意度，進而帶來回頭客和永續成長。

最後，波克夏致力著眼長遠。巴菲特鼓勵波克夏旗下事業的執行長們放眼多年後的未來，以長期價值的創造為先，而非致力追求曇花一現的短期利潤。經理人因此可以掙脫季度業績壓力的束縛，專注於創新、員工發展和策略性收購，為增強長期營利能力打好基礎，即使這些努力不會立即見效。

但毫無疑問，波克夏企業文化的每一個面向，最終都是為了替公司增加長期價值，進而增加股東的財富。

Chapter 21

## 巴菲特談美國的未來和美國政治

Warren Buffett on the Future of America
and American Politics

# NO. 127

**永遠不要做空美國。**[1]

---

巴菲特這句話,其實是借用了美國鍍金時代著名華爾街金融家 J.P. 摩根的說法。後者當年被問到他如何變得如此富有時表示:「我從不做空美國。」有趣的是,此一投資策略在 1890 年對 J.P. 摩根來說非常有效(他喜歡在市場崩盤時買進股票);在一百一十八年後,對巴菲特也同樣有效(他也喜歡在市場崩盤時買進股票)。

# NO. 128

**我認為大家不需要擔心美國的創意與智慧枯竭。**[2]

---

巴菲特接著說：

我們的經濟、我們的人民，以及我們的制度，非常巧妙地創造出如今的 1.6 億個就業機會──要知道，自 1776 年以來，我們就一直在想方設法讓工作消失。

在 1820 年，美國有 79% 的人，也就是 770 萬人在農場工作，為全國 960 萬人提供糧食。到了 2023 年，美國有 1.3% 的勞動人口，也就是 220 萬人從事農業，為全國 3.34 億人提供糧食。如果不是因為科技和機械技術（拖拉機、聯合收割機等）大有進步，美國將需要 2.6 億人從事農業來養活全國人民。我們可以說，科技和機械技術的進步，讓 2.588 億美國人免於辛苦務農，可以去做其他事情，例如參與創造大型電腦革命（1940 至 1960 年代）、小型電腦革命（1960 至 1980 年代）、個人電腦革命（1970 至 1990 年代）、行動運算革命（1990 年代末至今），以及雲端運算革命（2000 年代至今）。目前有 220 萬美國人在伺服器機房與資料中心工作，

其中許多由波克夏的再生能源風力發電場供電。

　　儘管許多工作還是乏味無聊,但這一切科技與機械技術進步的最美好之處,是它讓美國人從1820年平均每週工作72小時,減少至2023年平均每週工作38小時;這讓人們有更多時間,與家人和朋友一同享受我們所生活的這個奇妙世界。

# No. 129

**我們應該在資本主義制度下，為那些被拋在後頭的人做得更好，但我不認為應該殺死資本主義——這是一隻自 1776 年以來一直在下金蛋的金鵝。**[3]

---

資本主義是文明可用以配置其能量和資源的一種制度，它利用市場機制分配資源，人們在這種制度中，以手中的金錢來投票決定一門生意能否成功。由於資本主義極具創造性，它同時也有破壞性的一面。隨著新技術取代舊技術，新的工作會被創造出來，既有的工作可能會因為過時而消失。這在多數情況下運作良好，直到製造工廠從某國遷移到另一個國家，人們卻無法隨著工作一同搬遷為止。失去這些工作的人通常可以找到新的工作，但也有許多人被社會的發展甩在後頭，因為勞動力不像資本能在國際間自由流動。資本不受國界限制：它自由和快速地跨國流動，在全球尋找它能找到的最高投資報酬。勞動力就沒有這種自由。因為中國出現新工廠而在印第安納州失去高薪製造業工作的人，無法搬到中國。中國的移民法不容許他們這麼做。他們只能留在美國。

歷史經驗顯示，如果不設法處理資本主義的弊端，

它們可能導致政治動盪，政府集權規劃經濟，以及私營企業的國有化。可以說，資本主義的弊病曾在一定程度上促成了 1917 年的俄羅斯革命、1949 年的中國共產革命，以及 1959 年的古巴革命。而這些革命都導致共產經濟體制取代了資本主義。在美國和英國，資本主義的失敗和它造成的苦難，導致兩國經濟某些部分逐漸社會主義化。例如，美國在 1935 年通過《社會保障法》以因應大蕭條導致的嚴重失業問題。英國則在 1945 至 1951 年間，將其煤礦和鋼鐵業國有化，並推行免費的國民醫療服務。

但是，俄羅斯和中國最終認知到，政府集權規劃經濟和私營企業國有化讓資金無法流向新的創新企業，導致國家工商業落後，人民生活水準不如資本主義國家。正如巴菲特的朋友、U2 樂團主唱波諾（Bono）所言：

> 作為一名行動者，你在意識到以下這點時感覺奇妙：擺脫赤貧的道路，就是商業和鼓勵創業的資本主義。

巴菲特真心認為，要讓資本主義這隻金鵝繼續為美國創造奇蹟，就必須為那些被甩在後頭的美國勞工提供安全網，如此一來，即使他們做了三十年的工作被轉移到中國，也能繼續分享國家的巨大財富。

# No. 130

**我喜歡問候選人：有什麼是你支持，但你的大多數支持者卻反對的？**[4]

---

這像是某種陷阱題。但其實不是。這是巴菲特用來了解候選人真正熱情所在的方法。他可以藉此了解候選人的勇氣和信念到達什麼程度。候選人是否會為了自己的真誠信念放棄選票，展現人格力量對著群眾說：「不，我們不會做那樣的事，即使這會讓我輸掉選舉。」從政者的這種個人信念，是罕見和美好的事物。

# No. 131

多年來,兩大政黨我都曾投票支持,但我通常投給民主黨。不過,我不是正式登記的民主黨員,但我是貨真價實的資本主義者。[5]

---

巴菲特所深愛的父親,是來自內布拉斯加州的忠誠共和黨眾議員。一般人預期巴菲特會追隨父親支持共和黨,而他確實曾這麼做了一段時間。但隨著年紀漸長、財富漸增,他發現自己在社會議題方面越來越傾向民主黨的立場。巴菲特深知,沒有一名候選人能僅靠億萬富翁的選票當選,因此他經常與其他資本家一同,投票給那些支持美國商業發展的候選人,不論其政治派別為何。

# No. 132

坦白說，我們生活在一個非常好的國家，即使不時會有一兩個笨蛋掌管它，但你子孫的生活還是會比你好得多。[6]

———————

下次再有笨蛋贏得總統選舉，請從這句話中得到安慰。

# NO. 133

**《獨立宣言》是一份充滿理想與抱負的文件,我們在實現它的道路上已經取得了巨大進展,但我們還有很長的路要走。**[7]

---

　　1776 年 7 月 4 日簽署《獨立宣言》時,美國女性沒有投票權,美國經濟是奉行動產奴隸制的舊世界經濟體系。美國要到 1865 年才終於廢除奴隸制,而女性要到 1920 年才得到投票權。1949 年,哈佛大學才容許女性就讀法學院——但女性人數不得超過 30 人,直到 1969 年才廢除此人數限制。1967 年,美國最高法院裁定禁止異族通婚的法律違憲。但直到 2000 年,阿拉巴馬州才終於廢除它管制異族通婚的法律。

　　財星 500 大企業的第一位女性執行長,是凱薩琳‧葛蘭姆(Katharine Graham)。1963 年,葛蘭姆接替她已故丈夫的位置,成為華盛頓郵報公司執行長。財星 500 大企業的第一位非裔美國人執行長是小克里夫頓‧華頓博士(Clifton R. Wharton Jr.),他在 1987 年出任美國教師退休基金會(TIAA-CREF)董事長暨兼執行長,那是一家為教育工作者和其他非營利組織員工提供金融服務的公司。

巴菲特親身經歷了這些歷史時刻，積極倡導為這些進步鋪路的許多社會和經濟變革。他曾親自指導凱薩琳・葛蘭姆，幫助她理解華爾街的複雜運作，確保她在工作上成功。巴菲特也捐出鉅款支持無數為實現以下的崇高美國理想，而奮鬥不懈的事業：

> 人人生而平等，造物者賦予他們若干不可剝奪的權利，其中包括生命、自由與追求幸福的權利。

後記

# 巴菲特談慈善事業

Warren Buffett on Philanthropy

# NO. 134

**我 99% 以上的財富將在我有生之年或去世後捐給慈善事業……對於我們非凡的好運氣，我和我的家人心懷感激，而非心生愧疚。**[1]

---

巴菲特在他有生之年已捐出數十億美元給慈善事業，他原本持有的波克夏股票已捐出超過一半。最近一次是在 2024 年 6 月，他捐出約 900 股波克夏 A 類股，以及超過 1,300 萬股波克夏 B 類股，其中約 930 萬股 B 類股捐給了蓋茨基金會。其餘股份將捐給巴菲特家族的四個慈善機構——蘇珊湯普森巴菲特基金會（Susan Thompson Buffett Foundation）、雪伍德基金會（Sherwood Foundation）、霍華德巴菲特基金會（Howard G. Buffett Foundation），以及諾瓦基金會（NoVo Foundation）。

此外，巴菲特超過 5 億美元的財富，目前正由他的兒子霍華德用於戰爭重創的烏克蘭人道援助，包括：為平民和士兵截肢者興建醫院和復健中心；花費 8,700 萬美元清除地雷；資助全國學童午餐計畫，讓孩子們重返校園；投入數千萬美元更換在戰爭中受損的農業

設備，以支持農民恢復耕作；以及至今已資助更換超過 12 萬扇被炸毀的窗戶，以便民眾能回到家裡過冬。

# NO. 135

**我很想相信自己能跳出盒子思考，但等到那個盒子埋在地下六呎處的時候，我不確定自己是否還能跳出盒子思考，而且比地面上我完全信任的三個人做得更好。**[2]

---

2024 年 6 月，巴菲特宣布，待他最終離世時，他餘下的財富（估計超過 1,300 億美元）將捐給一個慈善信託基金，由他的三名成年子女霍華德、蘇西和彼得管理。根據該信託基金的條款，它的所有慈善支出必須獲得三人一致同意。只要這三個人有一人在世，該信託基金就會有巴菲特家族成員參與管理。巴菲特的唯一指示是，該信託基金的鉅額資金「應該用於幫助那些沒有我們那麼幸運的人」。

\*

我們衷心希望，運用巴菲特的教誨而獲得鉅額財富的人，也能考慮仿效巴菲特及其家人，熱心從事慈善事業。

祝福大家

<u>瑪麗・巴菲特與大衛・克拉克</u>

# 致 謝
Acknowledgments

　　我們首先要感謝我們的家人，包括 Erica、Nicole 和 Sam，以及 Kate、Dexter 和 Miranda，感謝他們在我們投入大量時間撰寫本書時，給予我們無限的耐心和愛。我們都非常感謝 Scribner 的出色編輯 Rosalind Lippel 和 Colin Harrison，他們巧妙地引領我們完成整個寫作和編輯過程。瑪麗要特別感謝她摯愛的姐妹 Laura Sirmons，以及她親愛的朋友 Christine Engelhardt。最後同樣重要的是，我們兩人永遠感激備受愛戴的華倫・巴菲特和查理・蒙格，多年來慷慨分享給我們和波克夏其他股東的所有世俗投資智慧。他們真的給了我們終身受用的珍貴禮物。

# 參考資料
## References

**卷首語**

1. https://www.insurancejournal.com/news/national/2023/11/29/749832.htm#:~:text=Under%20the%20heading%2C%20"Nothing%20Beats,might%20add%20bluntly—stated

**第 1 章**

1. https://www.youtube.com/watch?v=JvEas_zZ4fM
2. https://www.sarwa.co/blog/warren-buffett-quotes#:~:text="Do%20not%20take%20yearly%20results,belong%20to%20the%20short%20term
3. https://www.youtube.com/watch?v=uddpWu5-1Uk
4. https://www.youtube.com/watch?v=8OcegOGAGIs
5. https://finance.yahoo.com/news/warren-buffett-investment-advice-for-young-people-120219862.html
6. https://www.youtube.com/watch?v=JvEas_zZ4fM
7. https://markets.businessinsider.com/news/stocks/warren-buffett-25-best-quotes-berkshire-hathaway-annual-meeting-2020-5-1029160195
8. https://buffett.cnbc.com/video/2008/05/03/morning-session---2008-berkshire-hathaway-annual-meeting.html
9. https://buffett.cnbc.com/video/2008/05/03/morning-session---2008-berkshire-hathaway-annual-meeting.html; https://www.youtube.com/watch?v=OhIEqKIf7yU

10   https://www.goodreads.com/quotes/3240452-i-try-to-invest-in-businesses-that-are-so-wonderful
11   https://www.youtube.com/watch?v=JvEas_zZ4fM
12   https://www.fool.com/investing/general/2012/02/22/the-25-smartest-things-warren-buffett-ever-said-.aspx#:~:text=24.,speaks%20well%20to%20this%20statement
13   https://buffett.cnbc.com/video/2015/05/02/morning-session---2015-berkshire-hathaway-annual-meeting.html


第 2 章

1   https://buffett.cnbc.com/video/2004/05/01/morning-session---2004-berkshire-hathaway-annual-meeting.html; https://www.youtube.com/watch?v=63oF8BOMMB8
2   https://benlengerich.medium.com/why-warren-buffett-doesnt-invest-in-tech-companies-and-yet-his-largest-holding-is-apple-c0317a93979c#:~:text=Buffett%27s%20Strateg y&text=The%20key%20to%20investing%20is,the%20durability%20of%20that%20advantage
3   https://benlengerich.medium.com/why-warren-buffett-doesnt-invest-in-tech-companies-and-yet-his-largest-holding-is-apple-c0317a93979c#:~:text=Buffett%27s%20Strategy&text=The%20key%20to%20investing%20is,the%20durability%20of%20that%20advantage
4   https://buffett.cnbc.com/video/2008/05/03/morning-session---2008-berkshire-hathaway-annual-meeting.html
5   https://buffett.cnbc.com/video/2018/05/05/morning-session---2018-berkshire-hathaway-annual-meeting.html
6   https://buffett.cnbc.com/video/2019/05/06/afternoon-session---2019-berkshire-hathaway-annual-meeting.html


第 3 章

1   https://www.youtube.com/watch?v=Tr6MMsoWAog
2   https://finance.yahoo.com/news/warren-buffett-best-quotes-154519517.html
3   https://barbarafriedbergpersonalfinance.com/saving-money-advice-warren-buffett/#:~:text=4.-,Use%20Debt%20Carefully%20and%20Limit%20What%20You%20Borrow,without%20borrowing%2C"%20Buffett%20says
4   https://pictureperfectportfolios.com/learning-from-warren-buffett-the-power-of-compound interest/#:~:text=Well%2C%20as%20we%20will%20see,lucky%20genes%2C%20and%20compound%20interest; https://givingpledge.org/pledger?pledgerId=177

5 https://buffett.cnbc.com/video/2008/05/03/morning-session---2008-berkshire-hathaway-annual-meeting.html
6 https://buffett.cnbc.com/video/2023/05/08/morning-session---2023-meeting.html
7 https://www.fool.com/investing/2023/04/17/worried-about-high-interest-rates-heres-what-warre/
8 https://buffett.cnbc.com/video/2015/05/02/morning-session---2015-berkshire-hathaway-annual-meeting.html
9 https://buffett.cnbc.com/video/2019/05/06/afternoon-session---2019-berkshire-hathaway-annual-meeting.html; source of Munger quote: http://www.quoteswise.com/charlie-munger-quotes-4.html
10 https://www.sarwa.co/blog/warren-buffett-quotes
11 https://buffett.cnbc.com/video/2008/05/03/morning-session---2008-berkshire-hathaway-annual-meeting.html; https://www.analystforum.com/t/what-does-this-quote-by-warren-buffett-mean/94756

第 4 章

1 https://www.youtube.com/watch?v=Tr6MMsoWAog
2 https://www.ivey.uwo.ca/media/2809438/buffett-2008.pdf
3 https://www.fool.com/investing/2023/11/05/good-time-to-buy-stocks-warren-buffetts-advice/#:~:text=When%20to%20buy%3A%20Buffett%20believes,also%20learn%20from%20his%20actions
4 https://buffett.cnbc.com/video/2023/11/06/morning-session---1999-berkshire-hathaway-annual-meeting.html
5 Both quotes: https://buffett.cnbc.com/video/2015/05/02/morning-session---2015-berkshire-hathaway-annual-meeting.html
6 https://financhill.com/blog/investing/warren-buffett-bear-market-quotes#:~:text=Losses%20aren%27t%20realized%20until,stock%20market%20is%20manic%20depressive
7 https://buffett.cnbc.com/video/2022/05/02/morning-session---2022-meeting.html
8 https://buffett.cnbc.com/video/2008/05/03/morning-session---2008-berkshire-hathaway-annual-meeting.html#:~:text=We%20don%27t%20think%20—%20%20what,run%20our%20eyes%20over%20them
9 https://sabercapitalmgt.com/1987-berkshire-letter-and-buffetts-thoughts-on-high-roe/
10 https://buffett.cnbc.com/video/2008/05/03/morning-session---2008-berkshire-hathaway-annual-meeting.html

第 5 章

1. https://www.youtube.com/watch?v=UpGIJG02-Mw; https://www.youtube.com/watch?v=JvEas_zZ4fM
2. https://buffett.cnbc.com/video/2019/05/06/morning-session--2019-berkshire-hathaway-annual-meeting.html
3. https://buffett.cnbc.com/video/2008/05/03/morning-session--2008-berkshire-hathaway-annual-meeting.html
4. https://buffett.cnbc.com/video/2004/05/01/morning-session--2004-berkshire-hathaway-annual-meeting.html
5. https://buffett.cnbc.com/video/2004/05/01/morning-session--2004-berkshire-hathaway-annual-meeting.html
6. https://buffett.cnbc.com/video/2023/11/06/morning-session--1999-berkshire-hathaway-annual-meeting.html

第 6 章

1. https://nymag.com/intelligencer/2008/09/warren_buffetts_dirty_words_of.html
2. https://buffett.cnbc.com/video/2004/05/01/morning-session---2004-berkshire-hathaway-annual-meeting.html
3. https://quotefancy.com/quote/931542/Warren-Buffett-First-many-in-Wall-Street-a-community-in-which-quality-control-is-not
4. https://www.reuters.com/article/idUSKCN0XR0OO/
5. https://www.youtube.com/watch?v=8OcegOGAGIs

第 7 章

1. https://www.youtube.com/watch?v=JvEas_zZ4fM; https://buffett.cnbc.com/video/2008/05/03/morning-session---2008-berkshire-hathaway-annual-meeting.html
2. https://www.youtube.com/watch?v=joBnDqPfKfI

第 8 章

1. https://buffett.cnbc.com/video/2022/05/02/morning-session---2022-meeting.html
2. https://buffett.cnbc.com/video/2014/05/03/morning-session---2014-berkshire-hathaway-annual-meeting.html
3. https://www.azquotes.com/quote/1278019

4 https://buffett.cnbc.com/video/2014/05/03/morning-session---2014-berkshire-hathaway-annual-meeting.html

## 第 9 章

1. https://www.cnbc.com/2019/04/29/warren-buffett-on-making-mistakes-that-makes-it-interesting.html
2. https://www.youtube.com/watch?v=uddpWu5-1Uk
3. https://www.youtube.com/watch?v=JvEas_zZ4fM
4. https://nymag.com/intelligencer/2008/09/warren_buffetts_dirty_words_of.html; https://markets.businessinsider.com/news/stocks/warren-buffett-most-gruesome-mistake-dexter-shoe-9-billion-error-2020-1-1028827359#:~:text=%22I%20gave%20away%201.6%25%20of%20a%20wonderful%20business%20–%20one,Dexter%20Shoe%2C%22%20he%20said
5. https://libquotes.com/warren-buffett/quote/lbr1w3m
6. https://buffett.cnbc.com/video/2019/05/06/morning-session---2019-berkshire-hathaway-annual-meeting.html; https://www.valueinvestingworld.com/2014/07/berkshire-and-diversified-retailing.html

## 第 10 章

1. https://www.yapss.com/post/collection-warren-buffett-171-dot-com-bubble-burst; https://www.gurufocus.com/news/970127/charlie-mungers-3-tips-for-valuing-stocks
2. https://buffett.cnbc.com/video/2004/05/01/morning-session---2004-berkshire-hathaway-annual-meeting.html
3. https://www.youtube.com/watch?v=a8Tw2Pm-zGU

## 第 11 章

1. https://www.youtube.com/watch?v=gxK2vXKlFO8
2. https://www.youtube.com/watch?v=zTuOMVu9Kow
3. https://www.youtube.com/watch?v=zpPcx1BsxNE

## 第 12 章

1. https://www.youtube.com/watch?v=zpPcx1BsxNE

2   https://www.reuters.com/business/buffett-says-he-cannot-imagine-us-debt-default-2023-05-06/#:~:text=%22A%20lighted%20match%20can%20be,who%20do%20the%20wrong%20thing.%22

## 第 13 章

1   https://buffett.cnbc.com/video/2015/05/02/morning-session---2015-berkshire-hathaway-annual-meeting.html
2   https://www.reuters.com/business/buffett-says-more-comfortable-with-investments-japan-than-taiwan-2023-05-06/#:~:text=%22The%20Japanese%20thing%20was%20simple,finance%20the%20sale%2C%20 he%20added
3   https://buffett.cnbc.com/video/2015/05/02/munger-efficiency-is-required-over-time-in-capitalism.html
4   https://buffett.cnbc.com/video/2015/05/02/munger-efficiency-is-recovered-over-time-in-capitalism.html
5   https://buffett.cnbc.com/video/2018/05/05/morning-session--2018-berkshire-hathaway-annual-meeting.html
6   https://www.forbes.com/sites/miriamtuerk/2018/08/16/why-warren-buffett-is-right-about-china/?sh=1da91ad41bff

## 第 14 章

1   https://www.cnbctv18.com/business/bitcoin-was-probably-rat-poison-squared-and-other-top-quotes-by-warren-buffett-14618511.htm#; https://www.cnbc.com/2020/02/24/warren-buffett-cryptocurrency-has-no-value.html#:~:text=Tech,Warren%20Buffett%3A%20Cryptocurrency%20%27has%20no%20value%27%20-%20%27I,own%20any%20and%20never%20will%27&text=The%20Berkshire%20Hathaway%20CEO%20and,in%20a%20Squawk%20Box%20interview; https://www.cnbc.com/2022/04/30/warren-buffett-gives-his-most-expansive-explanation-for-why-he-doesnt-believe-in-bitcoin.html; https://www.thestreet.com/crypto/investing/warren-buffett-doesnt-mince-words-about-bitcoin; https://www.investopedia.com/news/buffett-cryptocurrency-they-will-certainly-come-bad-ending/#:~:text=%22In%20terms%20of%20cryptocurrencies%2C%20generally,s%20(MSFT)%20Bill%20Gates
2   https://www.goodreads.com/quotes/546212-gold-gets-dug-out-of-the-ground-in-africa-or

第 15 章

1. https://barbarafriedbergpersonalfinance.com/saving-money-advice-warren-buffett/#:~:text=4.-,Use%20Debt%20Carefully%20and%20Limit%20What%20You%20Borrow,without%20borrowing%2C"%20Buffett%20says
2. https://buffett.cnbc.com/video/2019/05/06/morning-session---2019-berkshire-hathaway-annual-meeting.html
3. https://www.insurancejournal.com/news/national/2023/11/29/749832.htm

第 16 章

1. https://www.youtube.com/watch?v=Tr6MMsoWAog ; https://buffett.cnbc.com/video/2005/04/30/the-best-investment-is-in-your-own-abilities.html
2. https://quotefancy.com/quote/931415/Warren-Buffett-My-idea-of-a-group-decision-is-to-look-in-the-mirror; https://buffett.cnbc.com/video/2016/04/30/morning-session—2016-berkshire-hathaway-annual-meeting.html
3. https://www.youtube.com/watch?v=Tr6MMsoWAog
4. https://markets.businessinsider.com/news/stocks/warren-buffett-25-best-quotes-berkshire-hathaway-annual-meeting-2020-5-1029160195
5. https://observer.com/2015/05/ive-followed-warren-buffett-for-decades-and-keep-coming-back-to-these-10-quotes/; https://www.inc.com/marcel-schwantes/warren-buffett-says-you-can-ruin-your-life-in-5-minutes-by-making-1-critical-mistake.html
6. https://www.youtube.com/watch?v=JvEas_
7. https://www.youtube.com/watch?v=4YYxAS4xeNM
8. https://www.youtube.com/watch?v=Tr6MMsoWAog ; https://www.youtube.com/watch?v=KJcWrL4fQnk; https://www.cnbc.com/2018/05/14/warren-buffett-says-the-most-important-decision-is-who-you-marry.html; https://buffett.cnbc.com/video/2022/05/02/morning-session---2022-meeting.html
9. https://www.youtube.com/watch?v=yzuTj_t7ILs
10. https://www.azquotes.com/quote/536518#google_vignette
11. https://buffett.cnbc.com/video/2014/05/03/morning-session---2014-berkshire-hathaway-annual-meeting.html; https://www.youtube.com/watch?v=Ycd-Zel3ExM
12. https://www.google.com/search?client=safari&rls=en&q=warren+buffett+on+envy&ie=UTF-8&oe=UTF-8#fpstate=ive&vld=cid:f164d162,vid:-T3NanXhuxY,st:0
13. https://buffett.cnbc.com/video/2019/05/06/afternoon-session---2019-berkshire-hathaway-annual-meeting.html; http://www.quoteswise.com/charlie-munger-quotes-2.html
14. https://www.youtube.com/watch?v=4YYxAS4xeNM

## 第 17 章

1. https://www.thestreet.com/investing/stocks/the-15-greatest-warren-buffett-quotes-of-all-time-13207512; https://nymag.com/intelligencer/2008/09/warren_buffetts_dirty_words_of.html
2. https://www.cnbc.com/video/2020/02/24/buffett-reaching-for-yield-human-low-interest-rates.html; https://www.marketwatch.com/picks/this-is-warren-buffetts-first-rule-about-investing-heres-what-to-do-if-your-financial-adviser-breaks-that-rule-01635799738#:~:text=Warren%20Buffett%20once%20said%2C%20"The,all%20the%20rules%20there%20are
3. https://buffett.cnbc.com/video/2008/05/03/morning-session---2008-berkshire-hathaway-annual-meeting.html
4. https://buffett.cnbc.com/video/2004/05/01/morning-session---2004-berkshire-hathaway-annual-meeting.html; https://www.investopedia.com/terms/d/derivativestimebomb.asp#:~:text=Derivatives%20time%20bomb%20refers%20to%20the%20potential%20for%20a%20dramatic,financial%20weapons%20of%20mass%20destruction.%22
5. https://buffett.cnbc.com/video/2022/05/02/morning-session---2022-meeting.html

## 第 18 章

1. https://www.oldschoolvalue.com/stock-valuation/warren-buffett-valuation-formula/#:~:text=Second%2C%20speculation%20is%20most%20dangerous,that%2C%20and%20we%20know%20it2
2. https://www.youtube.com/watch?v=UpGIJG02-Mw
3. https://buffett.cnbc.com/video/2018/05/05/afternoon-session---2018-berkshire-hathaway-annual-meeting.html
4. https://www.cnbc.com/2017/05/06/warren-buffett-says-hes-got-a-big-appetite-for-a-solar-or-wind-project.html; https://markets.businessinsider.com/news/stocks/warren-buffett-berkshire-hathaway-invest-billions-iowa-saudi-arabia-wind-2019-12-1028787852
5. https://www.youtube.com/watch?v=lGlpRe2WD6g ; https://www.youtube.com/watch?v=03sdWvFUg14

## 第 19 章

1. https://buffett.cnbc.com/video/2019/05/06/afternoon-session---2019-berkshire-hathaway-annual-meeting.html
2. https://buffett.cnbc.com/video/2008/05/03/morning-session---2008-berkshire-hathaway-annual-meeting.html#:~:text=We%20don%27t%20think%20—%20what,run%20our%20eyes%20over%20them

3  https://buffett.cnbc.com/video/2019/05/06/morning-session---2019-berkshire-hathaway-annual-meeting.html
4  https://buffett.cnbc.com/video/1994/04/25/afternoon-session---1994-berkshire-hathaway-annual-meeting.html
5  https://www.cnbc.com/2009/11/17/warren-buffett-reasonable-return-is-good-enough-for-longhaul-railroad-ride.html
6  https://buffett.cnbc.com/video/2019/05/06/afternoon-session---2019-berkshire-hathaway-annual-meeting.html
7  https://buffett.cnbc.com/video/2023/05/08/morning-session---2023-meeting.html
8  https://buffett.cnbc.com/video/2008/05/03/afternoon-session---2008-berkshire-hathaway-annual-meeting.html
9  https://www.goodreads.com/quotes/432412-i-insist-on-a-lot-of-time-being-spent-almost
10  https://www.youtube.com/watch?v=JvEas_zZ4fM
11  https://www.youtube.com/watch?v=BBXh2IveLm8
12  https://buffett.cnbc.com/video/2019/05/06/morning-session---2019-berkshire-hathaway-annual-meeting.html

第 20 章

1  https://www.youtube.com/watch?v=xvAOaKJ8Meo
2  https://www.youtube.com/watch?v=4YYxAS4xeNM
3  https://www.youtube.com/watch?v=4YYxAS4xeNM; https://www.fool.com/investing/2020/01/07/10-lessons-from-warren-buffett.aspx
4  https://buffett.cnbc.com/video/2016/04/30/morning-session---2016-berkshire-hathaway-annual-meeting.html
5  https://www.youtube.com/watch?v=4YYxAS4xeNM
6  https://buffett.cnbc.com/video/2023/11/06/morning-session---1999-berkshire-hathaway-annual-meeting.html
7  https://ulm.edu/webguide/faculty/pdf/One-Important-And-Simple-Successful-Habit.pdf; https://www.inc.com/marcel-schwantes/warren-buffett-says-this-is-1-simple-habit-that-separates-successful-people-from-everyone-else.html
8  https://buffett.cnbc.com/video/2015/05/02/morning-session---2015-berkshire-hathaway-annual-meeting.html

第 21 章

1  https://www.youtube.com/watch?v=2RbGDN9HWO4
2  https://buffett.cnbc.com/video/2019/05/06/afternoon-session---2019-berkshire-hathaway-annual-meeting.html

3　https://www.youtube.com/watch?v=JvEas_zZ4fM; https://www.aei.org/economics/when-it-comes-to-reducing-global-poverty-bono-is-right-and-the-anti-capitalists-are-wrong/
4　https://www.youtube.com/watch?v=uddpWu5-1Uk
5　https://www.youtube.com/watch?v=uddpWu5-1Uk
6　https://buffett.cnbc.com/video/2008/05/03/morning-session---2008-berkshire-hathaway-annual-meeting.html
7　https://www.youtube.com/watch?v=2RbGDN9HWO4

後記

1　https://givingpledge.org/pledger?pledgerId=177
2　https://www.wsj.com/finance/warren-buffett-gives-us-a-preview-of-his-will-419ad46d

巴菲特的人生之道——成功致富與圓滿人生的永恆智慧／瑪麗・巴菲特（Mary Buffett）、大衛・克拉克（David Clark）著；許瑞宋譯. -- 初版. -- 台北市：時報文化，2025.8； 面； 公分（人生顧問；565）

譯自：The New Tao of Warren Buffett: Wisdom from Warren Buffett to Help Guide You to Wealth and Make the Best Decisions About Life and Money

ISBN 978-626-419-688-8（精裝）

563.5　　　　　　　　　　　　　　　　　　　　　　　　　　　　　114009959

Complex Chinese Translation copyright © 2025 by China Times Publishing Company
THE NEW TAO OF WARREN BUFFETT: Wisdom from Warren Buffett to Help Guide You to Wealth and Make the Best Decisions About Life and Money
Original English Language edition Copyright © 2024 by Mary Buffett and David Clark
All Rights Reserved.
Published by arrangement with the original publisher, Scribner, an Imprint of Simon & Schuster, LLC through Andrew Nurnberg Associates International Limited.

人生顧問 565

巴菲特的人生之道——成功致富與圓滿人生的永恆智慧
The New Tao of Warren Buffett: Wisdom from Warren Buffett to Help Guide You to Wealth and Make the Best Decisions About Life and Money

作者　瑪麗・巴菲特 Mary Buffett & 大衛・克拉克 David Clark｜譯者　許瑞宋｜主編　陳盈華｜行銷企劃　石璦寧｜封面設計　陳文德｜董事長　趙政岷｜出版者　時報文化出版企業股份有限公司／108019 台北市和平西路三段 240 號｜發行專線—(02)2306-6842｜讀者服務專線—0800-231-705 (02)2304-7103｜讀者服務傳真—(02)2304-6858｜郵撥—19344724 時報文化出版公司｜信箱—10899 台北華江橋郵局第 99 信箱｜時報悅讀網—www.readingtimes.com.tw｜創造線 FB—www.facebook.com/fromZerotoHero22｜法律顧問　理律法律事務所　陳長文律師、李念祖律師｜印刷　勁達印刷有限公司｜初版一刷　2025 年 8 月 29 日｜初版二刷　2025 年 9 月 26 日｜定價　新台幣 500 元｜版權所有　翻印必究（缺頁或破損書，請寄回更換）

時報文化出版公司成立於 1975 年，並於 1999 年股票上櫃公開發行，於 2008 年脫離中時集團非屬旺中，以「尊重智慧與創意的文化事業」為信念。